네,
갑니다.
가요!

네, 갑니다. 가요!

초판 1쇄 인쇄 2019년 10월 10일

지은이	김영자
발행인	이요섭
펴낸곳	도서출판 디사이플
기획 편집	강성모
디자인	디자인이츠
제작	박태훈
영업	김승훈, 김창윤, 이대성, 정준용
	이영은, 김경혜, 정영아, 백지숙

등록	2018. 2. 6. 2018-000010호
주소	07238 서울특별시 영등포구 국회대로76길 10
기획 문의	(02)2643-9155
영업 문의	(02)2643-7290
	Fax(02)2643-1877
구입 문의	인터넷서점 유세근
	요단인터넷서점 www.jordanbook.com

Copyright ⓒ 2019 디사이플

값 15,000원
ISBN 979-11-963419-8-5 03230

- 이 책의 모든 사진, 그림, 작품, 프로그램의 저작권은 도서출판 디사이플에 있습니다.
- 파손된 책은 구입하신 서점에서 교환해 드립니다. 책값은 뒤표지에 있습니다.

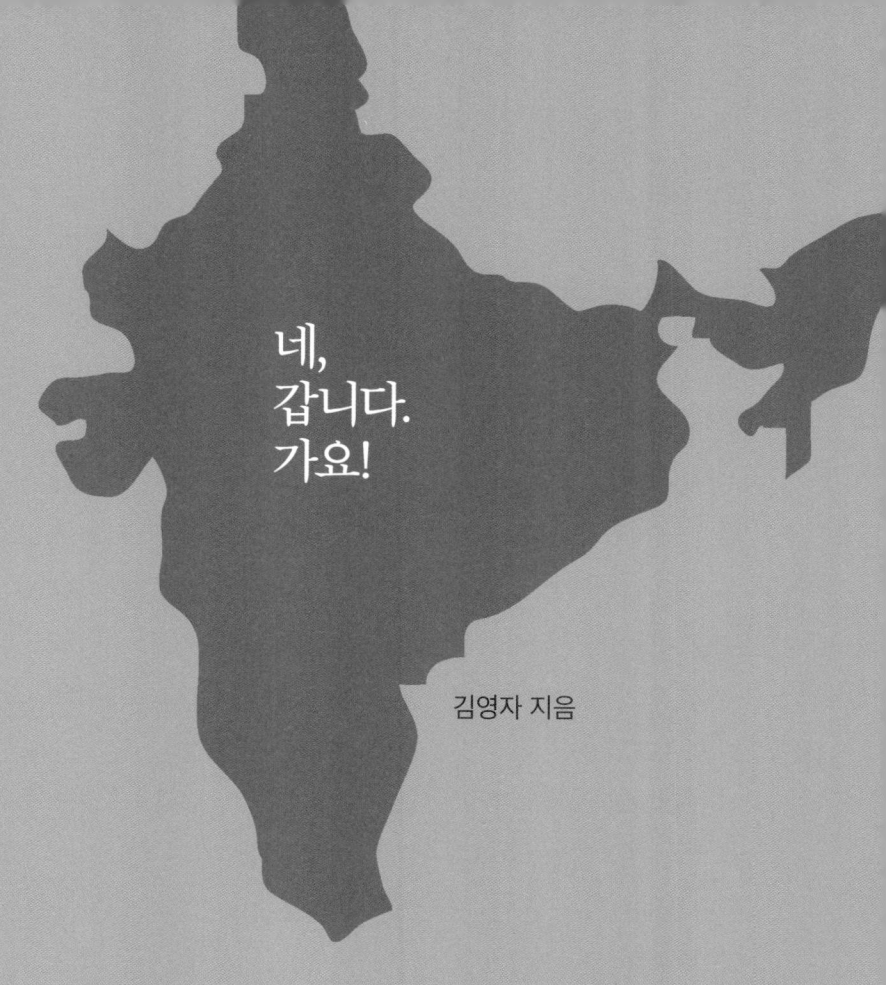

네,
갑니다.
가요!

김영자 지음

도서출판 디사아플

추천사

김영자 선교사는 학교 다닐 때부터 주변에 사람을 모으는 힘이 있었다. 나는 그게 그가 받은 은사라고 생각한다. 인도에 가서도 많은 사람을 모으고, 가르치고, 주님을 믿고 따르게 했다. 어떤 이들은 선교를 복잡하게 설명하지만, 나는 아무데서나 복음적으로 사는 것이라고 생각한다. 김영자 선교사는 인도인들과 많이 울며 오랫동안 함께 살았다. 내가 두 번 인도에서 만났는데, 며칠마다 한 번씩 울었던 것 같다.

"눈물을 흘리며 씨를 뿌리는 자는 기쁨으로 거두리로다. 울며 씨를 뿌리러 나가는 자는 정녕 기쁨으로 그 단을 가지고 돌아오리로다(시126:5-6)"

이것이 김영자 선교사가 누릴 기쁨이리라 믿는다. 이 책은 그가 눈물을 흘리며 씨를 뿌린 선교 이야기이다.

서정운 (장로회 신학대학교 명예 총장)

우리나라의 마더 테레사 김영자 선교사님을 책을 통해 만나보시기를 권합니다. 선교 보고서를 겸한 책 제목은 『네, 갑니다. 가요!』입니다. 그녀는 20대에 우리나라 문화방송(MBC) 텔레비전에서 탤런트로 이름을 날렸던 분입니다. 그때 동료 연예인 곽규석, 구봉서, 윤복희 등과 함께 주님을 만나 새로운 삶을 시작하면서 놀라운 체험을 했습니다. 글을 읽어보면, 흔치 않은 그런 이야기가 책 갈피마다 들었습니다. 후에 밥 라이스(Bob Rice/한국명 나의수) 목사님을 통해 문맹 퇴치 선교사를 찾는 하나님의 부르심에 응답한 이야기도 있습니다. 또한 선교사가 되어서 무려 40도가 넘는 기온을 가진 인도에 뛰어들어 버려진 고아를 키우며 40년간 거기서 복음을 전한 이야기 또한 책에 가득합니다. 김선교사님은 할머니가 되었지만, 여전히 인도에서 중고등학교를 운영하며, 몇천 명 학생의 어머니 역할을 합니다. 이제는 인도뿐만 아니라 세계 이곳저곳을 누비며 성경을 들고 말씀을 가르치는 우리의 마더 테레사 김영자 선교사님을 책에서 만나 보시면 좋겠습니다.

주선애 (장로회신학대학교 명예교수)

1980년 인도에 가서서 40년간 수고하셨음에도 현장을 떠나지 못하고 계시는 분이 김영자 선교사님입니다. 그분께서 자의 반 타의 반으로 후배 선교사들을 위해서, 발자취를 더듬어 보고, '길'을, 후원해 주신 분들에게는 '보고하는' 마음으로 글을 쓰신다는 소식을 들었습니다. 이 말을 들을 때 즉시 떠오른 책 제목이 『영자의 전성시대』였습니다. 다들 좋다 했지만, 본인은 손사래를 치며 극구 사양하셨던 기억이 납니다. 선교사님의 본명은 김영자, 연예인으로서의 예명은 김유선, 선교지에서 사용한 이름은 '드보라'(Deborah)였습니다. 선교사로 파송 받으시기 전부터 오늘까지 곁에서 지켜보며 내린 결론은, 그분은 영어 이름 그대로 드보라와 같은 '하나님의 강한 용사'였다는 사실입니다. 선교사님은 좋은 스승을 만나는 축복을 받은 분, 배운 말씀을 철저하게 믿고 행하고 계신 분, 하늘의 보좌를 움직이는 강한 기도로 상황을 뚫고 나가시는 분, 왕이신 하나님께 철저하게 낮추며 정직하게 반응하시는 분, 말씀의 지혜가 있으신 분, 영혼을 사랑하시는 분입니다. 이분을 대하면 하나님께서 가까이 계심을 느낍니다. 이 책을 통해서, 헌신된 한 여선교사를 사용하셔서 인도 땅에 하나님의 나라를 이루어 가시는 하나님의 역사를 여러분이 대하실 수 있을 것 같습니다. 모든 분에게 강추합니다.

김명준 목사 (밴쿠버 지구촌 교회 원로)

이제 칠십을 넘어 인생의 나이테가 많아진 김영자 선교사님은 몸집이 작지 않습니다. 하지만 그분 앞에 서면, 몸집이 아니라 영성이 더 크게 보입니다. 선교사님은 지금까지 살면서 만난 사람들 가운데 가장 성령 충만한 분입니다. 선교사님은 일생을 한 우물을 파면서, 독신으로 인도에서 그리스도만 전하면서 살았습니다. 이 책에는 그분이 흘린 눈물과 탄식, 또한 주님 사역에 관한 기대와 기도가 모두 들었습니다. 그분이 사역하는 크리시나기리 학교 현장을 가보면, 너무 대단한 일을 하셨음을 느낍니다. 커다란 학교 두 개에, 학생들이 바글바글 모여서, 성경 말씀을 듣고 공부합니다. 말로는 설명하기 힘듭니다. 선교사님 말씀대로 물론 주님이 모든 일을 하셨습니다. 그렇지만 지켜본 사람으로서 말한다면, 하나님의 도구로 사용된다는 건 진짜 어려운 일입니다. 그것에 관한 모든 기록이 책에 담겼습니다. 모두 시간을 내어 읽어보시기를 권합니다.

김세권 목사 (조이풀 한인 교회)

차 례

추천사 · 4
서론 · 12

I. 출발점

1. 이리 제목을 붙여놓으니 · 18
2. 내 믿음의 시작
   1) 예수님을 떠난 삶에서 다시 떠나다 · 21
      나의 회심
   2) 부르심 · 22
      하나님은 우리를 부르신다
   3) 혹독한 훈련 너머에 서 계신 주님! · 29
      연예계에 있을 때
      나는 "데보라? 또는 드보라?" 이게 무슨 뜻이지?
      갈테면 가세요
      아니 저렇게 달라지다니?
      타인의 헌신, 나의 헌신

II. 인도 선교 이야기

3. 인도 선교를 위한 훈련
   1) 미국에서의 생활: 1981~82년 까지 · 56
   2) 금식기도 이야기 · 60
      첫 번째 금식 기도(하나님이 준비시키셨다)
      두 번째 40일 금식(대학생들과의 성경공부)
      세 번째 금식 기도(서울 올림픽)
      네 번째 금식 기도(선교지를 위해서)
      다섯 번째 금식 기도(역시 인도에서)
4. 인도 선교
   1) 인도로 들어가다 · 87
      선교의 시작과 시행착오
      새롭게 일을 시작하다
      선교 계획은 없다.
   2) 어린이집 선교 · 96
   3) 학교(Trinity Matric School) 선교 · 106
      우물을 파다
      전기가 연결되다
      전화 놓는 것도 쉽지 않네
      학교 인가증
   4) 건축할 때 주신 은혜에 감격하다 · 114
   5) 하나님이 내게 물어오셨다! · 124
5. 인도의 삶 속에서
   1) 인도에서 겪은 크고 작은 일들 · 134
   2) 진짜 질서는 뭔가? · 137
   3) 그냥 밖에서 자자! · 143
   4) 교통 사고를 냈다 · 145
   5) 또 다른 재판 이야기 · 147

6) 샤스뜨리나갈 이야기 · 149
7) 이로드 이야기 · 158
8) 캉가얌 이야기 · 164

Ⅲ. 연계 선교와 동역자들, 그리고 역선교

6. 연계된 선교
  1) 스리랑카 선교에 관해 · 174
  2) 미주 원주민 · 181
    북미 원주민 선교에 관한 소고
  3) 몇 가지 북미 원주민을 위해 하려던 일 · 184
7. 도와준 사람들
  1) 견습 선교사의 커다란 사역 · 187
  2) 후원자들 · 192
    만남의 인연을 사용하시는 하나님
    김인철 목사님 이야기
    30년을 하루같이
8. 현지 동역자들
  1) 가드윈, 올윈 형제 · 201
    가드윈과 다니엘
    1999년 올윈(Alwin)의 헌금
  2) 그 외 인도 동역자들! · 212
9. 역선교
  1) 게임에 빠진 아이들 · 219

Ⅳ. 에필로그

10. 맺는 이야기 · 224
    은퇴, 그리고 새로운 사역
    선교사의 복된 생각: 준비하기 바란다

Ⅴ. 사역의 발자취 · 232

"그러므로 네가 이후로는 종이 아니요
아들이니 아들이면 하나님으로 말미암아 유업을 받을 자니라"

갈라디아서 4장 구절

서론

네, 갑니다. 가요!

나는 여러 가지로 어리석고 미련한 사람이다. 공부를 많이 해서 학자로 불리는 사람도 아니고, 그 흔한 석사나 박사 학위도 받은 적이 없다. 그렇다고 해서, 나 자신이 문학적인 소질이 넘치는 사람이라고 생각해본 적 또한 없다. 이런 사람이 글을 쓰고 내용을 정리해서 책으로 내자니 변명이 많을 수밖에 없다. 애는 썼지만, 잘 쓰는 건 고사하고, 표현력이 별로 없어서 읽는 사람의 눈길을 붙잡는다는 것이 참으로 난망하다. 그래서 다른 바람이 없다. 주님께서 책을 읽는 분들의 마음을 성령으로 충만하게 하셔서 하나님이 행하신 일을 은혜로 여기도록 도와주시기를 기도할 뿐이다.

스스로 자격이 있어서 선교사가 되었다고 생각하지 않는다. 하나님이 사명을 주셔서 어쩔 수 없이 떠밀려 이 자리까지 왔다. 내가 먼저 무얼 하겠다고 하나님 앞에서 강변하지 못했다. 하나님이 인도로 가라 하시니, 어쩌지 못해서, "네, 갑니다. 가요!" 하고는 여기에 왔다. 1980년부터 선교사로 일했으니, 세월이 무려 40년 가까이 되었다. 한참을 지내놓고 보니, 선교를 마무리 지으며 해야 하는 봉사가 또 있음을 깨닫는다. 뒤를 이어 선교 행렬에 나설 이들을 위해 뭔가 도움이 되는 일을 해야겠단 깨달음이 왔다. 따져보니, 이것 역시 내 생각이 아니다. 하나님이 나더러 기왕 시작한 선교니, 뒷정리도 잘하라고 말씀하셔서 순종하는 마음이 컸다. 이 책이 유명해져서 많은 사람이 읽을 거란 생각은 하지 못한다. 그간의 일을 적으면서 하나님의 역사를 선교 보고로 남길 수만 있다면, 그것으로 족하다.

내가 어떤 사람이었는지 돌이켜 생각할 때가 많다. 너무나 보잘것없는 사람이었는데, 어찌 하다 보니 여기 서 있다. 이건 내 능력이 아니다. 주님 은혜와 아울러 몇 분이 내게 베풀어준 사랑 때문에 지금 이 자리에 서 있는 것 뿐이다. 물론 예수님이 나를 구원하셨으니 그 사랑을 받은 건 너무 당연하다. 다만, 그분이 주신 사랑을 내게 전하며 베푼 사람들 또한 있었다는 거다. 세상에 둘도 없이 부족한 사람인 나에게 마음을 두어 키우신 몇 분이 계셨기에, 지금의 내가 있다고 고백한다.

먼저는 나의 신앙을 자라게 하고, 말씀으로 세워주며, 삶을 통해 신앙을 보여주신 오대원(David E. Ross) 선교사님과 엘렌 사모님을 생각한다. 그분들 뒤를 살피면, 한 계단 너머에 계신 토리 신부님도 마음에 되살아난다. 그분은 마치 오대원 목사님의 아버지 같으셨기 때문이다. '예수전도단'을 통해서 신앙이 부쩍 큰 나에게 토리 신부님이 선교사의 꿈을 갖도록 세워주셨다. 그분뿐만 아니라, 제인 사모님 역시 같은 역할을 하셨다. 진심으로 그분들에게 감사한다.

그런가 하면, 선교의 길로 실제로 나를 안내한 분도 있다. 오클라호마 털사에 위치한 문맹 선교회 대표이신 라이스(한국명 나의수) 목사님은 내가 선교사가 되도록 구체적으로 도우셨다. 그분의 도우심으로 선교사의 길이 시작되었고, 여러 가지 준비를 할 수 있었다. 어찌 감사하지 않겠는가.

또한 잊을 수 없는 분은 장신대에서 가르치신 주선애 교수님이다. 그분은 연예인 교회가 세워지는 과정의 실제적인 공신이었다. 그분이 힘쓰지 않았으면, 교회 설립이 아주 어려웠을 것이다. 그 교회의 성도가 된 나는 그래도 내가 참 예수님을 잘 안다고 생각하고, 그분께 "나는 목사의 손녀딸"이라고 자랑을 했다. 그러자 주 교수님이 나더러 신학교에 가라고 등을 떠미셨다.

제안을 받아들이는데, 두어 가지 문제가 있었다. 첫째는 흰 저고리 검정치마를 입고 다니는 전도사가 된다는 내 모습을 상상하기 힘들었다. 둘째는, 다시 공부한다는 것이 이미 세월이 많이 지나서 쉽지 않다는 생각이 들었다. 알고 보면 나의 대학 졸업장이라는 것이 진짜냐 하는 것도 내 안에서는 문제가 됐다. 나는 운 좋게 대학교 1학년 때인 1963년에 부산 문화방송국 아나운서가 됐다. 그때만 해도 나에게 있어 대학 공부는 직장을 얻기 위한 것이었을 뿐, 학문을 배우고자 하는 목적은 전혀 없었다. 그런 까닭으로 엉터리로 학교를 다녔고, 엉터리로 시험을 치렀다. 혹시 내 시험을 치러준 사람들이 이 책을 본다면 웃을 것 같아 부끄럽다. 하지만 그분들께도 감사한다. 그들이 있었기에 지금의 내가 있는 것이니 말이다. 이런 형편 가운데 있었지만, 좋지 않은 조건을 이길 수 있도록 길을 열어주신 주선애 교수님께 다시 한 번 감사드린다.

1970년대에는 우리나라에서 여권(Passport)을 받기가 참으로 어려웠다. 외국에서 초청장이 오고 심사에 합격이 되어야 간신히 여권을 받는 게 가능했다. 미국 오클라호마 털사에 있는 문맹 선교회(Literacy Mission) 대표인 라이스 목사님께서 초청장을 보내 주셨으나, 여권을 받기가 너무 힘들었다. 내무부에서 세 번이나 거절을 당하자, 나는 선교사로 가는 것을 포기하려고 했다. 험난한 과정을 겪다 보니, 초청장에 내가 가야 할 나라 이름이 바뀌기까지 했다. 원래는 필리핀 극동 방송국 아나운서로 가려 했는데, 시간이 흐르면서 아나운서는 간 곳이 없어지고 선교사만 초청장에 남았다. 그것도 기도 한 번 해보지 않은 인도 선교사였다.

그때 여권 받는 게 하도 복잡해서 포기하려던 나를 붙들고 용기를 주시며 다시 한 번 도전해 보자고 한 분이 서정운 교수님(현 장신대 명예총장)이다. 당시 여권은 내무부에서 발급했는데, 거기 나를 데려가셔서 사방에 수소문한 끝에 여권을 받도록 도와주셨다. 그분에게 감사하지 않을 수 없는 이유가 거기 있다. 그뿐만이 아니었다. 서정운 교수님은 내가 영락교회에서 후원받도록 주선해주셨다. 영락교회는 나를 선교사로 파송한 교회다. 서정운 교수님뿐 아니라, 주선애 교수님 역시 영락교회 여전도회와 나를 연결해주셨다.

두 교수님 덕택에 거기서 후원자들을 만났으니 어찌 고맙지 않겠는가. 이런 일을 바탕으로 해서, 고상우 장로님과 조익정 권사님 내외가 첫 번째 후원자로 헌신해주셨다. 이 모든 분들이 끼친 은혜에 깊이 감사하며, 그외에도 함께 후원하고 기도하신 여러분에게 지면을 빌어 고마움을 전한다.

이렇게 책을 만들기까지 수고해 주신 모든 분들, 특히 강성모 간사와 요단 출판사 대표이신 이요섭 목사님께 감사한다. 책을 쓰기까지 텍사스 댈러스에서 조이풀 교회를 목회하는 김세권 목사님이 수를 셀 수 없는, 정말 내가 할 수 없는 일들을 담당해 주어서 감사한다. 더불어 조이풀 교회 온 성도님들의 인내와 기도에도 진심으로 감사를 전한다.

크리시나기리에서
김 영 자

I
출발점

"주의 말씀은 내 발에 등이요
내 길에 빛이니이다"

시편 119편 105절

1. 이리 제목을 붙여놓으니

　책에 제목을 붙이면서 고민을 좀 했다. 지난번에 캐나다에서 지인 몇 분을 만났을 때, 제목으로 『영자의 전성시대』가 어떠냐 이야길 들었다. 주변 사람들이 좋다며 박수치고 깔깔거렸지만, 나는 좀 별로였다. 재밌는 발상이긴 하지만, 그게 무슨 세속적인 소설이랑 영화제목 아닌가 싶었다. 그걸 선교 보고서에 제목으로 가져다 붙인다는 게 그리 탐탁치 않았다. 기도하면서 책 제목을 생각하는데, 일생 동안 하나님이 날 끌고 다니셨단 생각이 들었다. 그분이 떠미셔서 여기 서 있는 거지, 내 힘으론 어림도 없을 일을 지금껏 해왔다. 그런 까닭으로 차라리 『"네, 갑니다. 가요!"』가 책 제목으로 더 어울린다고 생각했다. 구차한 변명으로 들려도 할 수 없다. 독자들이 이걸 반항적 표현으로 읽지 않아 주기를 간절히 바란다.

　선교사로 가라는 부르심을 받고서, 아무 이견 없이 그냥 떠날 수 있는 사람은 복이 있다. 부르셔도 훌쩍 떠날 수 없는 이유가 있는 사람들 또한 꽤나 많다. 정말 쉽게 떠나지 못하는 이유가 있어서, 자리를 뭉개고 앉은 사람들 상황도 한 번 짚어주시란 이야기다. 생각해보면, 선교사로 갈 수 없는 형편인데, 하나님은 우리 영혼에게 가라고 명령하신다. 이런 명령을 듣고도 가지 못하는 것이 얼마나 괴로운 일이겠는가. 다시 말하거니와, 그런 사람들이 있다.

나 역시 그런 사람 군에 속했다는 고백을 할 수밖에 없다. 하나님이 말씀하셔도 훌쩍 떠나지 못한 여러 가지 이유가 있었다. 그 중의 하나가 내가 다섯 식구의 가장이라는 사실이었다. 솔직히 말하자면 말은 이렇게 해도, 온전하게 가장 역할을 한 건 아니었다. 내 심정이 그랬단 걸로 이해해주길 바란다. 말하자면, 가장이란 자리의 무게가 너무나 무거웠다. 어쩌면 내가 가장이어서 힘들었단 이야기를 자꾸 계속하면, 동생들이 언짢아할지도 모르겠다. "가장이랍시고 뭘 얼마나 잘해줬단 거냐" 하는 생각을 내가 먼저 하는 판이니, 동생들은 오죽하겠는가?

솔직한 심정은 그랬다. 천국에 계시는 아버지에게 무엇보다 죄송하고, 애썼지만 부족해서 잘해주지 못한 동생들에게 미안했다. 비록 가장 역할을 제대로 하진 못했지만, 짐의 무게를 크게 느꼈던 터라, 하나님이 나를 선교사로 부르셨어도 선뜻 가겠다고 나서지 못했다. 이건 반항이라기보다는 내 형편에 관한 솔직한 고백이었다. 일단 동생들이라도 결혼시켜서 자기 삶을 살게 해놓으면 혹시 선교사로 훌연히 떠날 마음이 생겼을지도 모르겠다. 남은 식구를 안정시켜놓으면, 그땐 순종하겠다고 주님께 아뢨던 기억이 난다.

　그리 마음먹어도, 마음은 괴로웠다. 그분이 당장 일어서라고 말씀하시는 것만 같았다. 지루한 줄다리기가 계속되던 어느 날, 주님이 아주 강한 어조로 내 영혼에게 말씀하셨다. "당장 일어나 가라." 그 소리가 얼마나 컸던지, 나는 벌떡 일어서면서 "네, 가요. 갑니다"라고 고백하고 말았다. 반쯤은 반항끼 섞인 목소리로 눈물을 흘리며 소리를 질렀다. 그 자리에 납짝 엎드려 죄송한 마음과 나의 믿음 없음을 한없이 고백하고, "주께서 행하시옵소서" 말씀드렸다. 결국은 떠날 준비를 할 수 밖에 없었다.

　지금도 과거에 이랬던 나의 모습이 목에 걸린다. 선교를 마무리해야 할 만큼 세월이 지난 요즘도, 가끔 울먹거리며 죄송하다고 말씀드린다. 재미있는 건, 제 버릇 개 못준다는 말이 딱 나를 두고 한 것 같단 사실이다. 이게 남 이야기가 아니라 바로 나에 관한 금언임을 늘 깨닫는다. 일이 좀 안 풀리면, 주님 발목을 쉽게 잡는다. 마음이 불편하니, 반항적으로 대꾸하곤 한다. 그러고 나면, 또 죄송해서 주님 앞에 엎드린다. 이런 어리석은 행동을 언제까지 계속 할진 나도 모른다. 물론 이런 모습이 지금은 많이 줄었다. 주님께 죄송해할 줄 알고, 믿음 역시 조금은 성장한 것 같다. 잘 참다가도 어떨 때는 아직도 가끔 "네, 가요. 갑니다"라는 말이 목구멍으로 솟아 나오기도 한다.

　하나님은 뭘 보시고, 나 같은 것을 선택하셨을까 생각하면, 참으로 감격스럽다. 궁극적으로 내 기도는 "주님, 정말 죄송합니다. 이제부터는 충성을 다하렵니다. 믿음 위에 주의 용기를 더하시옵소서" 일 수밖에 없다. 넘어진 채로 살다가 이런 고백을 드리면서 용기를 얻고 다시 일어나는 삶을 여태껏 반복하며 살았다. 이것이 다소 반항적으로 보이는 제목을 책에 붙인 이유다.

2. 내 믿음의 시작

1) 예수님을 떠난 삶에서 다시 떠나다
나의 회심

나는 목사의 손녀딸이고 교회에서 살았다. 그 때문에 나는 천상 기독교인이요, 나중에는 그저 천국에 가겠거니 생각했다. 자라면서 동족의 비극인 6.25 사변이 일어났고, 그때 아버지는 청력을 잃었다. 당시에는 모든 상황이 어려웠다. 아버지와 함께 어머니가 가족을 먹여 살리기 위해 사업을 하셨다. 두 분은 아주 신앙이 좋아서, 그 와중에도 열심히 교회에서 봉사하셨다. 내가 대학교 2학년이 되었을 때, 어머니가 교회에서 기도 모임을 하다 쓰러지셨다. 결국 어머니가 세상을 떠나면서, 나는 교회에 발길을 끊었다.

그 후에 예수님을 떠나서 세상에서 살다가, 29살에 비로소 예수님을 영접했다. 누구든지 단순히 교회에 나간다고 해서 구원받는 것이 아니라, 예수님을 믿어야 구원받는다는 것을 나는 그때 깨달았다. 예수님을 진짜로 만나고, 믿으니 전도에 관심이 생겼다. 전도는 불신자를 위한 것이지만, 무엇보다 교회를 다니면서도 구원받지 못한 사람에게 복음을 전하는 것이 필요하단 사실을 새삼스럽게 깨달았다. 결국 나는 그런 사람들에게 복음을 전해야겠단 결심을 했다. 그런 이유로 시작한 것이 성경공부였고, 이걸 열심히 하다 보니 성경 교사가 되었다.

당시 나는 적극적으로 예수님을 전하는 방법이 곧 사람들로 하여금 말씀을 알게 하는 것이라고 믿었다. 글을 모르면 성경공부를 하지 못한다는 사실 역시 깨달아서, 문맹 퇴치 선교에도 힘쓰게 되었다. 지금 생각하면, 이런 일들이 모두 나중에 선교사가 된 계기가 되었다.

2) 부르심
하나님은 우리를 부르신다

선교 보고서를 쓰자니, 앞서 한 이야기에 덧붙여, 살아온 이야기 또는 가족 이야기를 조금은 더 해야 할듯하다. 이야기의 시작을 위해서는 '증조 할아버지부터 언급하면 충분하지' 싶다. 증조 할아버지는 강원도 홍천에서 사셨는데, 부유한 일생을 사셨다. 이야기를 전해 들으니, 할아버지 댁 문간 방에 아펜젤러 목사님이 늘 머물고 계셨었다고 한다. 여유가 있으니 방을 드렸을 것 아니겠는가.

증조 할아버지에게는 아들이 없고 딸만 9명이었다. 그러니 아들을 보려고 첩을 얻은 모양이었다. 당시에 이런 일이 흔했었다. 여러 모로 애쓴 끝에 결국 아들을 낳는 데 성공했다. 아들은 나름대로 제 역할을 했던 걸로 보인다. 그 때에 집안에 제사가 많았는데, 첩에게서 낳은 아들이 모든 제사를 지냈다고 한다. 간신히 얻은 귀한 아들이 첩의 자식이므로 마루에 올라가지 못하고, 마당에 거적때기를 깔고 제사를 지냈다고 한다. 증조 할아버지로서는 하나밖에 없는 아들이 마당에서 제사를 지내야 하는 것을 보고 너무 속이 상했다. 그런 연고로 그분이 술을 잔뜩 잡수시고 문간방에 계신 아펜젤러 목사님께 하소연을 했다고 한다. 이야기를 듣던 아펜젤러 목사님이 제사를 안 드리는 방법이 있다고 그러시더란다. 가만히 말씀을 들어보니, 예수를 믿으면 그것이 필요없다는 이야기였단다. 증조 할아버지가 그 자리에서 술김에 큰 소리로 이제 예수 믿고 제사 안 지내겠다고 해서, 그때부터 집 안에 제사가 없어졌다고 한다. 나중에 아펜젤러 목사님이 귀한 아들을 데리고 한양으로 가서 공부를 시켰고, 그는 목사가 됐다. 그분이 바로 내 할아버지시다. 따지고 보면, 나의 할아버지가 아펜젤러 목사님 덕분에 목사가 되었으니, 참으로 은혜다.

할아버지는 자손들 중에 계속해서 주의 종이 나오기를 기대하셨다. 하지만 내 아버지 대에서는 목사가 나오지 않았다. 집안에 나보다 먼저 태어난 오빠가 있었는데, 할아버지는 그에게 목사가 되는 희망을 걸었다. 그렇지만, 오빠는 그만 폐렴으로 세상을 떠나고 말았다. 그러자 할아버지는 어머니 뱃속에 아이가 있으니까, 저놈이 하나님의 일을 할 것이라고 기대를 하셨다고 한다. 며느리가 해산을 했는데, 가만히 보니 태어난 아이가 딸이었다. 할아버지가 방에 들어오셔서 기도해주시고 나가면서, "아들이면 바치려고 했는데" 하며 중얼거리셨다고 한다. 그 말을 듣고 막 해산한 며느리인 내 어머니가, "딸이면 못바치나?"라고 말대꾸를 했다니 재미있다.

세월이 많이 흘러서, 내가 신학교 문턱을 넘자, 아버지가 "네 엄마 입술의 열매가 맺히는구나" 하셨다. 무슨 소리인가 싶어 자초지종을 물으니, 앞에 주욱 늘어놓은 이야기를 내게 해주시는 것 아닌가. 뱃속에서 남에 의해 헌신된 계집아이를 부르시는 하나님의 일을 눈으로 보고 경험하면서, 정말 하나님은 살아 계신다고 믿었다.

대학교 1학년 때인 1963년에 부산 문화 방송국에서 아나운서가 됐다. 이듬해에 어머니가 세상을 떠나셨다. 어머니 돌아가신 후에 남은 식구를 보니 딸 여섯에 아들 하나인 대가족이었다. 나는 그들 가운데 장녀였다. 사업을 하시던 어머니가 세상을 떠나시고 나서는 내가 집의 가장이 되었다. 그때 막내가 한 살이 좀 넘었고(정확히는 14개월), 나는 21살 난 어른이었다. 아무리 열심히 아나운서 생활을 해도 수입에 한계가 있었다. 그때만 해도 여자는 결혼하면 직장을 그만두는 것이 상례였다. '만일 내가 결혼을 한다면 내 식구들은 어떻게 하나, 누가 먹여 살릴 수 있을까?' 하는 고민이 머리에 늘 가득했다. 마침 그때 좋은 소식을 들었다. 다음 해에 문화방송국에 TV가 생긴다는 것이다. 탤런트가 되면, 결혼을 해도 일을 계속할 수 있다는 조언을 듣고, 생각 끝에 나는 우선 성우실로 옮겨 갔다. 그곳에서 대사를 하는 법을 배우면서 탤런트의 길을 갈 참이었다.

나는 당시에 살기 위해서 이렇게 할 수밖에 없다고 생각했다. 어머니가 세상을 떠나시자, 나가던 교회에도 발을 끊었다. 하나님이 살아계신다면, 이런 형편에 있는 우리에게서 어떻게 어머니를 데려가는지 이해할 수 없었기 때문이다. 나는 하나님을 원망하며 교회를 떠났다. 당시에는 그럼에도 불구하고 하나님이 다른 방법으로 나를 부르신다는 것을 미처 알지 못했다.

1973년에 김장환 목사님이 다음 해에 열릴 빌리 그래함 목사님 집회를 위해 한국에서 간증 영화를 하나 만든다고 하셨다. 어쩌다 보니, 그 영화에 내가 들어가게 되었다. 영화에 나오는 사람들은 윤여정, 조영남, 염복순, 이영후씨 등이었는데, 나도 그들 중 하나가 된 것이었다. 영화에서 내가 맡은 배역은 엄마였는데, 예수님을 잘 믿는 아들과 함께 술주정뱅이 아버지(이영후씨)를 기도로 하나님께 인도하는 역할이었다. 신앙 좋은 엄마 역할을 하긴 했지만, 나는 별 믿음이 없었고, 그러다 보니 일에 재미도 없었다. 그러던 차에, 영화에 깊은 관심이 있던 김장환 목사님이 매주 주보를 집에 보내시면서까지 교회에 한 번 와 보라고 하시는게 아닌가. 목사님이 정성스럽게 수원까지 가는 차편도 마련해 주셔서 한양대학교 김연준 총장님의 차로 거길 내려갔다.

그날 예배시간에 들은 설교 제목이 "당신은 지금 어디로 가고 있습니까?"라는 것이었다. 말씀을 가만히 듣는데, 화가 좀 났다. 예수님을 믿지 않으면 지옥에 간다고 김목사님이 말씀하셨는데, 이게 나에게 해당한다면, 말도 안 된다고 생각했다. 나는 식구들 때문에 결혼도 미뤄가며 온갖 헌신과 봉사를 다하는데, 예수를 안 믿는다는 이유만으로 나 같은 사람이 지옥에 간다는 건 정말 어이 없는 일이었기 때문이다. 김장환 목사님께서 말씀을 마치시고 오늘 예수님 믿을 사람은 일어서라 하셨다. 목사님이 일어선 이들을 위해 영접 기도를 하셨지만, 나는 끝까지 일어나지 않았다.

당시 교계에 김경래 장로님이란 분이 계셨다. 하루는 그분이 나에게 종교가 뭐냐고 물었다. 나는 기독교라고 대답했다. 아니라고 하면, 장로님이 나더러 예수 믿으라고 귀찮게 하실 것 같아서 그냥 도망가는 마음으로 그리 대답한 거였다. 거기서 질문이 멈출 줄 알았는데, 장로님이 계속해서 물으셨다. 어느 교회에 나가느냐 것이 다음 질문이었다. 물음에 딱히 대답할 말이 없는데, 지금은 목사 사모가 된 다섯째 동생이 나가는 교회가 문득 머리에 떠올랐다. 그런 나머지 그 교회에 나간다고 대답해버렸다. 그리 대답한 이유는 내가 성우가 된 후로는 아나운서 할 때 쓰던 이름을 사용하지 않고, 내 동생 이름인 김유선을 사용했기 때문이었다. 따지고 보면, 김유선이란 사람이 그 교회 나간다는 말 자체는 거짓이 아닌 셈이었다.

김 장로님은 대답을 귀담아들으셨던 모양이었다. 뭔가 부탁할 일이 있어서였는지, 장로님이 서문교회 김만우 목사님에게 김유선이라는 사람 믿음이 어떠냐고 물으셨다고 한다. 김만우 목사님은 당연히 내 동생 김유선에 대해서 묻는 줄 아셨을 것이다. 결국 두 분이 김유선이라는 이름에 각기 다른 사람을 염두에 두고 대화하신 것이었다. 김만우 목사님은 내 동생에 대해 말씀하시고, 김경래 장로님은 성우겸 탤런트인 나

김유선을 말씀하셨던 거다. 당시 내 동생의 믿음은 하늘을 찌를 듯했다. 그러니 김유선의 신앙이 오죽 훌륭하다고 대답했겠는가.

그런 대답을 들은 김경래 장로님이 다음날 내게 연락을 주셨다. 크리스마스 칸타타를 하려고 계획하는데, 해설을 부탁한다고 하셨다. 어쨌거나 좋은 일이지만, 공찌로 할 순 없으니 나는 얼마를 주느냐고 먼저 물었다. 우리는 목

1975년 탤런트시절 크리스마스 칸타타 나레이션

소리와 얼굴이 곧 돈이었기 때문이다. 칸타타 해설을 맡은 나는 연습에 참여해야 했다. 첫 번째 연습이 종로에 있는 중앙교회에서 있었다. 나는 첫 연습에 좀 늦게 나타났다. 교회에 들어와 앉아 있자니, 기분이 참 묘했다. 거기 앉아서 이미 돌아가신 어머니께 속으로 이런저런 이야기를 잠깐 했다. 마음속에 있는 어머니에게 여러 가지 이야기를 하자니, 눈물이 자꾸 났다. "엄마, 둘째랑 셋째는 시집을 보냈고" 등등을 계속 이야기하다 보니, 엄청나게 울게 되었다. 그런데 이게 웬 오해란 말인가? 칸타타 연습을 하던 성가 대원들이 모두 내가 우는 것을 보고 저 사람은 참으로 성령 충만하다고 생각했던 거다. 대원 중에는 내 동생도 있었는데, 그녀는 '언니가 왜 저러지?' 하는 생각이 들었단다. 하여간 눈물 끝에 차례가 되어 칸타타 해설을 시작했다. 나중에 사람들이 하는 말이,

내가 한 해설이 그렇게 은혜스러웠단다. 연습이 끝나자 감동받은 대원들이 자기들을 위해서 기도해 달라는 말까지 건네오는 지경이 되었다. 나는 그게 무슨 상황인지 당시에는 통 이해할 수 없었다. 하지만 하나님은 내가 모르는 사이에 또 이렇게 나를 부르셨다.

나를 향한 하나님의 계획은 점진적으로 구체화 되어갔다. 하루는 당시 하용조 전도사님이 오셔서 연예인들에게 예수님을 전한다는 소식을 들었다. 구봉서 선생님 댁에서 성경공부를 한다고 해서, 거기 참석했다. 그곳에서 전도사님이 예수님이 우리 죄를 위해 십자가에 못 박혔다고 말씀하시는데, 마치 그걸 처음 듣는 것 같은 느낌이 들었다. 성경 이야기는 잘 꿰고 있었지만, 구원에 관한 말씀은 여기서 처음 듣는 것만 같았다. 무슨 일이 내게 생겼는지 모르겠지만, 나는 그 때부터 성경공부를 하기 시작했다. 어떤 때는 방송국에 나가는 것까지 잊어버리고, 집중해서 성경공부를 하고 다녔다.

우리 삶 속에서 어떤 것 하나도 우연히 일어나는 일은 없다고 나는 지금도 믿는다. 모든 것이 하나님의 계획 아래에서 이루어지고 연결되고 있다고 확신한다. 하나님은 모든 방법을 동원하여 나를 부르고 계셨다. 어떠한 사건이나, 고난, 미움과 사랑도 다 주님의 손에서 이루어진다. 지금 이 글을 쓰고 있는 시간에도 주님은 우리를 위해서 일하신다.

3) 혹독한 훈련 너머에 서 계신 주님!
연예계에 있을 때

나는 탤런트를 하던 시절에도 스스로를 연예인이라고 생각해 본 일이 거의 없다. 배우가 된 건 먹고 살기 위한 수단일 뿐이었기 때문이다. 연예인 세계에서는 누구나 일이 있으면 부자고, 일이 떨어지면 완전 거지 비슷하게 된다. 실제로 나 같이 돈에 관해서 규모가 별로 없고, 계산을 잘 못하는 연예인은 금전적인 일에 있어서는 한심했다. 돈이 있으면 양껏 쓰고, 없을 때는 거지처럼 사는 것이 연예인의 대부분 모습이었다. 더구나 사교적이지 못하거나, 뇌물을 쓰는 방법을 잘 모르는 연예인들은 더욱 그랬다.

한창 잘 나가던 시절에, 어떤 감독 부인이 나를 찾아왔다. 나더러 하는 말이 계를 3개만 들라고 한다. 아무리 잘 나간다 하더라도 한꺼번에 계를 3개나 들기에는 형편이 그리 녹록지 않았다. 조금 망설이자, 곗돈을 만들 일감을 주도록 남편에게 잘 말해준다고 했다. 그렇게까지 이야기하는데, 거절하기도 힘들어서 계를 들었다. 시간이 흘러서 드디어 곗돈을 탈 날이 왔다. 내 기대와는 달리 곗돈을 찾을 달이 되었는데도 그녀가 돈을 주지 않았다. 연락을 해서 왜 돈을 안 주느냐고 물었지만, 답이 없었다. 결국 감독 집에까지 찾아가서 부인을 만났지만, 좀처럼 돈을 줄 생각을 안 하는 것 아닌가. 세상에 무슨 이런 경우가 다 있나 싶어서, 화가 난 나머지 선배 몇 사람에게 그런 이야기를 했다. 그랬더니 "너 바보니?" 하는 말이 대뜸 돌아온다. 나중에 알고 보니, 그런 돈은 원래 감독이 먹는 것이란다. 대놓고 돈 달라긴 뭐하니, 그런 식으로 해서 탈 나지 않는 방법으로 돈을 드신단 거였다.

나는 정말 기가 막혔다. 목돈을 얻게 되면, 할 일이 너무 많았기 때문이었다. 그 많은 돈이 내 계획과 상관없이 제멋대로 가고 있었다고 생각하니 어이가 없었다. 세상 사람들이 흔히 이런 방법으로 돈을 긁어낸다는 생각이 들어서 너무 구역질이 났다.

세상이 더럽긴 해도, 일은 해야 먹고 사는 것이 가능했다. 그것 외에 다른 선택이 없었다. 때는 어느 추석이었다. 함께 일하는 사람들 사이에서, 감독뿐만 아니라 여기저기 부서마다 돈을 줘야 한다는 이야기가 오갔다. 고민 끝에 돈을 주는 건 좀 그렇고, 선물을 하기로 결정했다. 그 해에는 이상하게 유독 창란젓 선전이 많이 돌아다녔다. 눈에 보이는 게 창란젓 광고라서 그걸 한 20통 정도 사서 돌리자고 마음먹었다. 문제는 그걸 보내야 하는데 어찌해야 하는지 방법을 몰랐다. 그래서 코미디 하는 친구와 이걸 어떻게 해야 좋을지 의논했는데, 그가 말하기를 그런 건 보내봐야 아무런 효과가 없단다. 마지막이 어찌 됐을 것 같은가? 결국 친구와 집에 가서 물에 밥 말아서 미리 조금 사놓은 창란젓을 먹어 치우고 끝냈다. 누구에게 뇌물을 줄 줄도 몰랐고, 방법 역시 모르다보니 일이 점점 없어지기 시작했다. 나는 말이 탤런트지, 거지 신세나 마찬가지였다. 그렇지만 주변의 어느 누구도 나의 그런 형편을 몰랐다. 예수님께 돌아와서도 상황은 나아지지 않았다. 상황과 상관없이 그분이 주신 기쁨으로 그럭저럭 단편 드라마를 하면서 살았다.

한 번은 하용조 전도사님이 해방촌 교회에 간증을 좀 하러 가자고 해서 따라갔다. 간증을 마치고 나니 교회에서 봉투를 하나 주는데, 돈이 들어 있었다. 얼마나 감사한지 몰랐다. 그런데 갑자기 내 속의 음성이 나더러 뭐라고 하는 게 아닌가. "너 예수님 팔아먹니?" 그날 밤에 집에 돌아와 얼마나 울면서 하나님께 매달렸는지 모른다. "주님! 이후로는 누구에게도 손을 벌리거나 부당하게 돈을 구하는 일이 없도록 도와주옵소서. 쌀이 떨어져도, 차비가 없어도 사람에게 말하여 구걸하지 않겠습니다. 오직 주님의 손만 바라보겠습니다."

이 고백을 시작으로 해서 혹독한 훈련이 시작되었다. 모든 식구들에게 이런 훈련에 들어가겠노라고 선언했다. 내 말을 들으신 아버지께서 "같이 가자. 네가 그 광야를 넘는 것을 보자면 우리도 힘들 건데, 어차피 함께 넘어야 할 부분이라면 같이 가자" 하셨다. 말을 마친 아버지가 하나님께 기도 하셨다. "이런 결정을 승리로 이끌어 달라"고 간절히 부르짖으셨다. 그 외침이 아직도 귀에 생생하다.

어느 날 저녁에 동생이 나에게 와서 그랬다. "언니, 쌀이 떨어졌어." 아니, 다른 것도 아니고 쌀이 떨어졌다니? 우리가 그런 형편까지 된 건가 싶어 마음이 너무 힘들었다. 당시에 동생들은 나를 의지하고 믿는 마음이 있어서 조금은 덜 힘들었을까? 나는 가정의 책임을 진 사람이니, 그런 상황이 아주 고통스러웠다. 아버지와 동생들이 굶으면 어쩌나 싶어서, 밤새워 하나님께 기도했다. 기도를 드리자니, 별의별 생각이 다 들었다. 지금까지 생각해보지도 않은 방법이 머리 속을 돌아 다니기까지 했다. 그러면 안 되겠다 싶어 마음을 다잡고 다시 고백했다. "주님, 아닙니다. 주께서 허락하시면 우리가 살 것이고, 아니면 금식하다 주님께 가면 되지요." 이런 마음으로 기도하다가 자리에 누웠다.

이튿날 아침이었다. 방송국에서 전화가 왔다. 그때가 10월인지, 아니면 11월인지 지금 기억 속에서 분명하진 않다. 그렇긴 해도 날짜만큼은 선명하게 기억한다. 그날은 정확하게 6일이었다. 전화를 건 사람이 다짜고짜, "쌀 안 가져가요?" 한다. 아니 이게 무슨 일이란 말인가? 전후를 따져보면 이랬다. 당시에 문화방송과 경향신문이 합병하면서 일년에 한 번씩 그날을 기념했다. 기념일이 되면, 방송국에서 거기 소속된 사람들에게 보너스처럼 60kg짜리 쌀 한 가마니를 주곤 했다. 나는 그때 신학교에 다니고 있었고, 방송국하고는 이미 거리가 멀어져 있었다. 그런데 아직 거기 소속이니, 쌀 한 가마니가 내 몫으로 턱 하니 나온 것이었다. 뛸듯이 기뻤지만, 여전히 문제는 있었다. 보너스로 쌀 한가마니가 나왔어도, 이걸 집으로 가져올 방법이 없었다. 머리에 이거나, 혹은 들고 오는 것도 불가능했다. 천상 가마니를 택시에 싣고 와야 하는데, 그럴 돈이 없었다. 하긴 택시비가 있었더라면, 그걸로 싸전에 가서 쌀을 사고 말지, 밤새워 쌀 달라고 기도했겠는가?

하여간 그날 전화 건 사람은 우리 동네에 살던 남성훈이란 탤런트였다. 그의 말이, 자기에게 차가 있던 터라, 그냥 실어다 주겠다고 하는 거다. "할아버지 나오시라고 해요 내가 문 앞에 내려 놓을께." 아니 이런 말을 다 듣다니, 세상에 이렇게 고마울 데가 어디 있단 말인가? 이렇게 해서 쌀이 생겼다. 그렇지만 나는 여전히 맘이 편치 못했다. 알고 보니, 쌀은 이미 지난 1일에 나왔다. 나는 이것도 모르고, 며칠 동안 쌀 문제로 하나님께 투덜댄 셈이었다. 5일 전에 쌀이 나왔는데, 그 때 좀 알려 주시면 안 되는 것인가? 그렇게 애를 태우게 하고 알려 주면 편하시냐고 마음으로 질문했다. 불평을 들으신 하나님이 그러셨다.

"그렇게 했더라면 내가 너와 함께 하는 것을, 내가 준비하고 있다는 것을, 미련한 네가 잘 알지 못하고 지나가지 않았겠니?"

생각해보니 그건 정말 그랬다. 결국은 하나님께 감사할 수밖에 없었다. 이렇게 쌀이 생겨서, 우리 식구는 그걸로 얼마간 살았다.

당시에 나는 성경공부를 일주일에 아홉 개나 인도했다. 매일 저녁마다 한 모임, 토요일과 주일에는 오전 중에 한 모임을 더 했다. 사실 이건 보통 무리한 일이 아니었다. 몸이 너무 피곤했다. 그렇긴 했지만, 힘든 걸 모르고 지냈으니 그것도 하나님 은혜였다.

그때 인도하는 공부 모임 가운데 곽규석 장로님 가정에서 모이는 것이 있었다. 하루는 그분 댁에 성경공부를 하러 가야 하는데, 버스표가 딱 한 장 밖에 없었다. 거길 다녀오려면, 버스를 갈아타야 하니 표가 전부 네 장이 필요한데, 나에겐 오직 한 장밖에 없었다. 사정이 이러니, 궁리 끝에 그길로 방송국 친구에게 가서 이야기해보자고 작정했다. 함께 말을 나누다 보면 얼마라도 도와주지 않을까 싶었다.

당시 정동에 있는 문화 방송국엘 갔다. 친구를 만나서 방송국 앞에 있는 지하 찻집에서 차를 마시고 이야기를 나눴다. 친구가 형편을 조금이라도 알아주면 좋은데, 이건 무딘 건지 뭔지 전혀 눈치를 채지 못하는 거 아닌가. 친구와 대화하는 시간 내내 속으로 계속 하나님께 말을 건넸다. "하나님, 가야 할 시간이 다가오는데, 얘가 눈치를 못 채네요." 그랬더니 하나님께서 그러셨다. "다른 사람에게 손 벌리지 않고 나만 의지한다더니?" 그 말씀을 듣고 나니, 나는 할 말이 있었다. "주님 그래서 친구에게 말하지 않았잖아요!" 그랬더니, "벌써 너는 친구에게 말한 거나 다름없잖니. 그럴거면 그런 말을 나에게 했어야지! 네가 속으로 생각한 것도 나는 듣고 있는데, 너는 그 친구에게 말한 거야"라고 마음에서 말씀 하셨다. 그 말씀 앞에서 어떻게 꼼짝할 수가 없었다. "알았습니다. 곽장로님 댁 방향으로 걸어가겠습니다. 광야에서 빌립을 옮기신 것처럼 옮겨주옵소서" 하고는 찻집에서 나왔다.

찻집 계단을 걸어 올라오는데, 하나님께 한 약속을 지키게 해주신 게 감사하단 생각이 들어서 눈물이 흘렀다. "나를 깨닫게 하시는 주님 감사합니다" 속으로 기도하면서 도로 위로 올라왔는데, 마침 거기 아나운서 친구가 지나가는 것 아닌가. 그 친구는 내가 울고 있는 걸 보더니, "너 왜 이러고 다니니? 방송국에서 너 미쳤다고 해!" 하면서 걱정 해주었다. 그러더니 지금 어디 가느냐고 묻는다. 곽 장로님 댁이 반포에 있었으니 그리로 간다고 말하자, 그의 입에서 나온 말이 정말 놀라웠다. 자기 집이 반포인데, 그럼 같이 가자는 것 아닌가? 그가 말하기를,

차를 같이 타고 가면서 나를 좀 교육시키겠단다.

그 친구는 그때 포니라는 자동차를 가지고 있었다. 그때만 해도 그 차를 갖고 있다는 건 대단한 일이었다. 차를 타고 함께 반포로 향했는데, 친구는 그날 나를 교육시키지 못하고 말았다. 왜냐하면 내가 계속해서 예수님 이야기를 했기 때문이었다. 그는 아무 말도 못하고, 나를 그저 반포 곽규석 장로님 댁에 내려줘야만 했다. 그가 차를 몰고 사라지자, 나는 다시 감사했다. 이런 일이 생긴 건 기적 같은 일이었다. 기도하노라니 눈물이 다 났다. "광야에서 빌립을 옮겨주신 것처럼, 오늘은 저를 이런 방법으로 옮기셨군요. 감사합니다." 계속 거기서 그러고 있을 순 없으니, 눈물을 닦고 집에 들어가서 성경공부를 인도했다. 참 은혜로운 시간이었다.

공부를 마칠 때가 되자, 내 속에서 또 걱정이 올라왔다. "어떻게 집에 가지?" 몇 시간 전에 나를 여기까지 옮겨주시고, 또 말씀을 선포하도록 해주신 주님을 쉽게 잊은 것이었다. 다시 한 번 내 믿음이 얼마나 나약한지 실감했다. 그걸 깨달은 사람이 거기서 넘어질 수는 없었다. 굳게 서서 어려움을 이기자고 다시 이를 악물고 결심했다. 마음에서 기도가 흘러나왔다. "주님, 좋습니다. 걸어가지요. 그러다가 밤 12시가 되면 잡히겠지만, 상관없습니다. 만일 잡히면 경찰서에 들어가서 경찰 아저씨들에게 복음을 전하겠습니다." 그 시절에는 밤 12시에 통행금지가 있었다. 길을 가다 12시가 넘으면, 잡혀서 경찰서에 들어가야 했다. 어쨌거나 기도까지 했으니, 뚜벅뚜벅 걷는 수밖에 없었다. 조금 걸었는데, 문득 뒤에 택시가 한 대 와서 선다. 놀랍게도 거기서 내린 분은 조복화 집사님이었다. 이분은 곽규석 장로님 아내였는데, 상황을 눈치채고 택시를 잡아타고 나를 따라온 것이었다. 그분이 자기가 내린 택시에 나를 밀어 넣으면서, 운전하는 분에게 "요금 드린 게 남으면, 나머지는 이분에게 거슬러 주세요" 한다. 세상에 이런 일이 있다니! 나는 기본요금이 나오는 거리까지만 가달라고 택시 운전사에게 부탁했다. 조복화 집사님이 보이지 않게 되자, 돈을 낭비하고픈 생각이 없어진 것이다. 택시에서 내린 나는 기본요금만 내고 나머진 거슬러 받았다. 그렇게 돌려받은 돈으로 우리 집은 무사히 며칠을 살았다.

내가 이렇게 힘든 훈련을 받는 것을 동료나, 신학교의 사랑하는 동생 형제들, 모두 아무도 몰랐다. 그들에게 나는 항상 돈 있는 사람이었다. 공부를 마치고 동생 형제들이 학교에서 내려오면 아주 편하게 그러곤 했다. "누나 떡볶이 먹고 가자." 그 말은 내가 사야 한다는 것이다. 학교에서 내려오면서 중부시장 골목에 쭈그리고 앉아, 없는 돈을 탈탈 털어 형제들과 나눠먹고 일어서곤 했다. 그게 왜 그렇게 좋았을까? 내일 버스비가 없어도 좋았다. 기쁘고 감사했다.

어느 날은 집에서 나오면서 보니 버스비가 없었다. 학교는 가야 했기 때문에, 어떻든 집에서 나왔다. 지금 생각하면 참으로 희한한 일이다. 집에서 걸어 나오는 짧은 시간에 버스비가 없다는 걸 그만 잊어버린 것이다. 막상 버스를 타고나서야 차비가 없다는 사실이 다시 생각났다. 그때는 버스에서 일하는 차장들이 있었다. 내가 버스비를 들고 나오지 않았단 걸 눈치챈 차장이 그런다. "내일 주세요." 이럴 때는 얼굴이 알려진 것이 감사했다. 학교에 가려면 버스를 갈아타야 했다. 정류장에서 아는 학생들을 만나 수다를 떨다보니, 버스비가 없다는 것을 또 잊어버렸다. 차비도 없으면서 버스를 타고 조는 내 모습이 얼마나 가관이었을까. 내릴 때가 되자, 누군가 "누나 내려" 그런다. 황급히 없는 버스비를 챙기려고 주머니를 뒤지는데, 누군가 대신 냈다고 그러는 거 아닌가? 동생 같은 형제들이 얼마나 고마웠는지 모른다. 그러고 보면 점심값이 없었지만, 딱히 굶은 적이 없었고, 버스비가 없어서 걸은 적도 없었던 것 같다. 이런 훈련이 계속되면서, 나는 지속적으로 결심했다. "주님! 정말 누구에게도 돈 없는 티 안내고, 누구에게도 도움을 청하지 않겠습니다. 주께서 나의 모든 것이 되심을 믿습니다."

지금까지 근 40년을 선교사로 살았다. 그랬지만 누구에게도 선교비를 부탁해 본 일이 없다. 심지어 건축할 때도 건축비를 보내달라는 말을 한 적이 없다. 지금도 이 결심만큼은 꼭 지켜 나가려고 애써 기도하며 하나님의 손끝만 바라본다. 필요한 것이 있으면, 마음으로 주님께 구할 뿐이다. 돈은 없었지만, 한 번도 부끄럽지 않았고, 한 번도 모자라지 않았으며, 한 번도 괴롭지 않았다. '없으면 그만두지' 하는 마음, '곡기가 없으면 굶어 죽지 뭐' 하는 생각, '정 안되면, 주께서 데려가시겠지' 하는 마음으로 지금껏 살았다. 힘들어 봐야, 죽기밖에 더하겠느냐는 마음이 곧 나를 살렸다. 이런 심령을 두고 바울은, "부에도, 가난에도 처할 줄 알았고, 모든 일에 만족하는 법을 배웠다"고 했나 보다.

예수님을 믿고 나서 눈물이 더 많아졌다. 이게 문제가 되었다. 명색이 탤런트이다 보니, 직업상 화장을 해야만 했다. 그러다 보니 그만 본의 아니게 검은 눈물을 흘리는 일이 많았는데, 어느 날 예레미야서를 읽다가 4:30을 대하고 나서는 거울을 덮었다.

> "멸망을 당한 자여 네가 어떻게 하려느냐 네가 붉은 옷을 입고 금장식으로 단장하고 눈을 그려 꾸밀지라도 네가 화장한 것이 헛된 일이라 연인들이 너를 멸시하여 네 생명을 찾느니라."

이 말씀에서 느끼는 바가 있었다. 그 날 이후로 얼굴에 뭘 찍어 바르거나 해보질 않았다. 사람들은 나더러 병자 같다면서 야단하곤 했다. 무슨 상관이랴. 누가 뭐라던지 하나님 말씀 안에서 결정한 것은 지키려고 애쓴다. 물론 나도 사람인지라 모든 것을 다 완벽하게 지키진 못한다. 그렇지만, 최선을 다해서 항상 지키려고 노력하는 것만은 사실이다.

어느 날 말씀을 읽다가 예수를 믿는 사람의 모든 행동에 권위가 있어야겠다는 생각이 들었다. 하나님의 형상대로 지음을 받았으니, 하나님이 주신 권위를 가지고 살아야겠다는 마음이 들어서, 그 날부터 성경책을 옆에 끼고 방송국에 출근했다. 또한 하루아침에 내가 말하는 습관도 고쳤다. 방송국에서는 남자고 여자고 할 것 없이 서로 반말을 썼고, 다들 별로 아름답지 않은 단어를 쓰며 살았다. 방송국 사람들이 나빠서가 아니라, 서로 친하다 보니 말투가 좀 거칠었다. 그러다 보니 아름다운 말을 쓰는 경우가 거의 없었다. 고치기 전날까지는 나 역시 그랬다. 일단 결심하고 나자, 나는 그날부터 만나는 사람이 누구든지 깎듯이 머리 숙여 인사하면서 존댓말을 했다. 그런 나를 보고 동료들이며 사람들이 놀려댔다. 마음속에서 불덩이 같은 것이 치밀어 오르면서 한마디 해 주고 싶었지만, '참자' '이기자'라고 되뇌이면서 스스로를 훈련했다. 승리한 날은 방송국을 나와 돌아서면서 "주님! 감사합니다 승리했습니다" 하고 감사기도를 드렸다.

그러다 보니, 별별 일이 다 생겼다. 친한 친구 한 사람은 가방을 하나 사주면서 성경책을 제발 거기 넣고 다니라고 했다. 지금은 목사님이 되신 장로님은 네가 언제부터 예수님을 믿었다고 이렇게 하냐면서, 훈계하기도 했다. 그렇게 하는 것이 예수님을 나타내는 건 아니란다. 이런 이야기를 수긍하지 못할 바는 아니었다. 하지만 그런 일들이 결심을 흔들지는 못했다. '좋다. 누가 뭐라고 해도 내가 하나님 앞에서 그렇게 살기로 작정했으니, 살아내 보자' 이런 생각이 가득했다.

오늘도 하나님께서 말씀하신 대로 살아내 볼 것이다. 사람은 결심하지만, 넘어지고 깨진다. 그래도 해 보는 것이 중요하다. 그러니 나도 해 볼 것이다. 모든 것이 완벽하지 않아도 좋다. 결심한 것을 무너뜨리지 않고, 그대로 해 보는 모습을 오늘도 내 삶을 기록한 책에 담는다.

나는 "데보라? 또는 드보라?" 이게 무슨 뜻이지?

예수 그리스도를 믿고, 말씀에 묻혀서 사는 세월 속에 기쁨이 넘쳤으나, 내가 부양해야 하는 식구를 돌보는 일에는 게을러진듯해서 마음이 좋지 않았다. 나는 여전히 가장이었고, 식구들을 먹여 살려야 했다. 가정을 위해 사업을 시작했다. 결과를 말하긴 부끄럽지만, 홀랑 망했다. 그러고 나니, 희망이 전혀 없었다.

집 마저 날리고 정말 무일푼이 되어서 아버지와 나머지 동생들을 결혼한 다른 동생 집에 맡기고, 나는 교회에서 생활해야만 했다. 그 교회는 서대문에 있었던 걸로 기억한다. 외국인들이 쓰는 유니온 클럽 빌딩에 교회가 있었는데, 그곳에서 밤을 보냈다. 명목은 밤새워 기도한다는 것이었다. 저녁에 기도한답시고 교회에 들어가 쉬었고, 아침에는 목욕탕에 가서 씻고 출근을 했다. 교회에서 자면서 기도를 나름 열심히 하긴 했으나, 삶이 워낙 고달팠다. 이것이 1973년 고난주간 무렵 내 삶의 모습이었다.

고난주간이 끝나고 부활주일 아침이 되었다. 부활절이었으니 새벽에 일어나 기도하는데 음성이 들렸다.

"사랑하는 딸아!"

이런 소리가 들렸다. 처음에는 교인 가운데 누군가 일찍 새벽기도 하러 나와서 장난하는 줄 알았다. 소리가 났다고 생각한 쪽에 대고 "누구

네, 갑니다. 가요!

야 들어와!" 라며 큰 소리로 말했지만, 아무런 대꾸가 없었다. 잘못 들었나 싶어서 다시 계속 기도하는데, 한 번 더 그 소리가 들렸다. 그제서야 좀 이상하단 생각이 들었고, 혹시나 하는 느낌이 있어서,

"주님! 주님이십니까? 한 번만 더 말씀해주세요. 사무엘에게도 세 번 말씀하셨잖아요"

라고 외쳤다.

그때였다. 내 눈 앞에 디지털 글자와 숫자가 나타났다. '갈 4:7'이 내가 확인한 내용이었다. 나는 잽싸게 일어나 앉아 불을 켜고 말씀을 찾았다.

"그러므로 이제 너는 종이 아니요 아들이니 아들이면 하나님의 유업을 이을 자니라"

라는 말씀이었다. 이 말씀을 대하니 너무나 기뻤다. 자녀라 하시니, 그동안 사업 때문에 힘들었고, 잘 곳도 마땅치 않았는데, 이제 고생은 끝났구나 하는 생각이 들었다.

이날 받은 말씀의 의미를 분명하게 확인하고 싶어서 예수원에 갔다. 토리 신부님에게 가서 생긴 일을 죄다 말씀드리고, 다시 한 번 확답을 얻고 싶었다. 강원도에 있는 예수원에 가서 신부님께 내가 보고 들은

걸 말씀드렸다. 뜻밖에도 신부님은 아무 말씀을 안 하시고, 그저 당신이 집회를 가야하니 함께 가자고만 하셨다. 둘이 함께 집회를 하러 가기 위해 길을 나섰다. 지금은 기억이 안나는 어느 시골로 갔는데, 집회 중에 토리 신부님의 간증을 들었다.

그분이 어떤 교회에서 설교를 하게 되었단다. 준비를 하기 위해 기도하려고 무릎을 꿇었더니 너무 힘이 들더란다. 그래서 "하나님 다리 좀 펴고 기도하겠습니다"라고 말씀드렸더니, 주님께서 순간 환상을 보여주셨다고 했다. 신부님은 환상 속에서 주님의 두 발에 못이 박혀서 피가 흐르는 것을 보았다고 했다. 그분은 그걸 보고서, 자기 다리 아픈 게 아무 것도 아니란 생각이 들었단다. 환상에 감동 받은 신부님은 주님께 다시 무릎을 꿇고 기도하면서 용서를 빌며 감사의 눈물을 흘렸단 이야기를 하셨다. 결국 나중에 얼마 안되지만 지니고 있던 버스비까지 교회에 헌금하고, 그곳에서 예수원까지 걸어오셨다고 간증하셨다.

간증이 큰 은혜는 되었지만, 그건 그거고, 내게는 나의 문제가 더 컸다. 집회를 마치고 돌아오는 길에 신부님의 옷자락을 잡았다. "신부님! 하나님께서 주신 말씀이 '갈 4:7'인데, 말씀의 의미를 다시 한 번 확인시켜 주세요"라고 떼를 쓰며 신부님 걸음을 멈추게 했다. 예수원 앞에는 개울이 있었는데, 다리가 없어서 디딤돌을 디뎌서 물을 건너야 했다. 그 개울을 지나면, 커다란 바위가 하나 있었다. 신부님이 나를 거기 앉히시고 차분하게 말씀을 시작하셨다. 내 기대는 분명했다. "이제 모든 고생이 끝났다. 내가 하나님의 유업을 이을 자이니 큰 부자로 살겠다"

는 것이 내 생각이었다. 신부님이 곁에 앉으시면서 몇 마디 하셨다. 이게 완전히 내 산통을 깼다. 처음에는 "하나님께서 자매님을 많이 사랑하십니다. 이제 주를 위해서 사셔야겠죠?" 그저 그러셨다. 이건 좋은 말이니 "네" 하고 대답했다. 다음에 이어진 신부님의 말씀은 아주 엄청난 충격이었다. 그분이 나를 가볍게 안아 주시면서 "자매님 고생이 많으시겠습니다" 하시는 것 아닌가? '이게 무슨 날벼락 같은 말씀이지? 이제 고생이 끝난 줄 알았는데, 아니란 말인가?' 하는 생각이 순간 찾아왔다. 신부님은 내 기대와 전혀 다른 말씀을 하신 거였다. 거기서 신부님이 나를 위해 기도해 주시고, "이제는 데보라가 되십시오" 그러셨다. 그때부터는 어떤 말도 더이상 귀에 들어오지 않았다. 뿐만 아니라, 받았던 기쁨과 은혜도 어디론가 다 사라져버렸다.

    신부님은 예수원으로 올라가시고 나는 멍하니 그곳에 앉아 있었다. 그때는 초봄이어서, 잔디가 아직 까맣게 탄 모습을 하고 있었다. 그때였다. 멍하니 앞을 바라보던 내 눈에 새파란 잔디 새싹이 들어왔다. 잔디가 타서 까만 색깔을 띄는 바람에, 초록색이 더 선명하게 보였던 것 같다. 그걸 보는 순간, 멍하니 있던 나에게 비로소 주님께서 다시 깨닫게 하신 게 있었다. "저 탄 잔디가 보이니? 잔디가 까맣게 다 타고 나니까, 저렇게 조그맣게 올라오는 새싹이 보이는 거야. 죄다 타지 않았다면 저 색깔이 보이지 않았을거야. 너도 다 내려놓고 나의 제단에서 모두 태워. 그러면 아주 작지만 새것이 솟아나는 걸 볼 수 있을거야." 주님이 말씀하신 내용이었다. 깨달음이 왔다. 저멀리 날아갔던 은혜가 천천히 다시 내게로 돌아오고 있었다.

"그래 내 삶을 다 태워서 주님께 몽땅 드려보자. 그러면 뭔가 볼 수 있을 거야." 이런 결심을 하니, 용기가 생겼다. 그길로 서울에 돌아왔다. 거기서 예수 전도단 프로그램에 참여했다. 당시 예전단은 오대원 목사님께서 인도하셨다. 나는 예수전도단에서 말씀과 찬송과 기도를 새롭게 하는 훈련을 기쁘게 받았다.

생각해보면 신부님은 내게 새로운 이름을 주셨다. 왜냐하면, 그때 나를 '데보라' 라는 이름으로 부르셨기 때문이다. 솔직히 말하면, 뭐라고 하시는지 영어 발음을 정확하게 알아듣기 어려웠다. 확실하게 듣지 못했으니, '그냥 그런가보다' 하곤 새로운 이름을 금방 잊어버렸다. 그 후에 신기한 일이 생겼다. 캐나다에서 온 케더린이란 선교사가 다시 한 번 내게 이름을 지어줬다. 놀라운 건 그녀 역시 나를 드보라로 불렀다는 사실이다. 당시에는 이게 무슨 데보란지, 드보란지, 둘 중에 어떤 게 맞는 발음인지, 또는 둘이 같은 이름인지 아닌지 여부도 확실히 모를 정도로 나는 무식했다. 내 무지함을 드러내자니 부끄럽긴 하지만, 외국인들이 꼬부라지는 발음으로 부른 이름을 내가 어찌 식별한단 말인가? 영어 원어민들이 말하는 드보라와 데보라가 동일인이란 걸 알지 못했으니, 나는 참으로 아는 것이 없었다.

어쨌든지, 그 후로 내 영어 이름은 데보라 내지는 드보라가 되었다. 두 발음 가운데 어떤 것이 정확하든지, 그건 별로 상관없었다. 이름을 통해서 하나님이 나와 함께 계시는 것을 확인했으니, 그거면 되었다. 아무 문제가 없었다. 발음에 관한 에피소드는 이리 정리했다. 그렇긴 한데, 이름 뜻을 분명히 아는 건 또 다른 문제였다.

나는 그 후에 선교사로 부름 받아 인도에 갔다. 인도와 스리랑카 양쪽에서 선교 사역을 했는데, 한 번은 스리랑카에서 목회자들을 위한 세미나를 개최했다. 그때 아짓트 페레난도 박사님이 드보라에 관해 말씀하시는 걸 듣게 되었다. 말씀을 들으니, 옛 기억이 떠오르면서, 내 이름이 바로 '드보라'였다는 기억이 떠올랐다. 그분은 드보라라는 말의 의미를 설명하면서, '드보라'는 '함께 있어 주는 자'라는 뜻을 가진다고 말씀하셨다. 드보라는 여성이었으니, 전쟁에 직접 참여해서 싸우는 건 아니었다고 하시면서, 그녀가 바락에게 싸우러 나가도록 용기를 주는 역할을 했다고 하셨다. 바락이 드보라가 함께 가지 않으면 싸우러 가지 않겠다고 하자, 그녀는 함께 참전했다. 물론 그녀는 칼을 들고 직접 싸운 게 아니라, 함께 있어 주는 역할을 감당했단 것이다.

그때서야 내 이름의 확실한 의미를 알게되었다. "아, 데보라든 드보라든 함께 있어 주는 자로구나." 이름이 아주 진지한 뜻을 가졌다. 그때부터 내 선교의 방향이 보다 확실해졌다. 선교할 때, 내가 앞장서서 싸우는 것이 아니라, 그저 바락 같은 용사를 세워 함께 있어 주는 것이 필요함을 깨달았다. 아주 예전에 토리 신부님이 하신 말씀의 의미를 나는 그때서야 비로소 분명하게 깨달았다. "고생이 많겠습니다"라는 말씀이 기억나고, 속뜻이 가슴에 와서 닿았다. 깨닫고 나니 감사했다. 이제는 돌아가셨지만, 토리 신부님을 생각하면, 지금도 뵙고 싶고, 말씀을 듣고 싶다.

갈테면 가세요

연예인 교회를 다니던 시절 이야기를 좀 하고싶다. 그곳에 다닐 때였다. 어떤 사유가 있어서 교회를 옮기고 싶었다. 그냥 막 행동할 수가 없으니 당시 내 사부이신 오대원 목사님과 상의했다. 내 말을 들은 목사님께서 "그럼 옮기셔야죠" 그러셨다. '그게 다란 말인가?' 싶어 놀라는데, 목사님이 말을 이으셨다. "그런데 이 일로 주님께서 무엇을 가르쳐 주셨나요? 자매님은 뭘 배우셨어요?" 이 말을 듣자 나는 좀 화가났다. "제가 지금 힘들고 괴로운데 뭘 배울 수가 있겠어요?"라고 목사님께 항의했다. 그런 나를 보시며 목사님께서 "아직 못 배우셨어요? 그럼 옮기지 마세요" 하신다.

그분의 설명은 이랬다. 하나님은 신실하셔서 누구에게나 가르치기로 작정한 것을 그냥 넘기는 법이 없으시단 거다. 만일 우리가 배운 것 없이 무작정 다른 교회로 옮겨서 자리가 잡히면, "이제 안정됐니? 이전 교회에서 배우지 못한 걸 이제 공부해야지?" 하시면서 같은 문제를 내 앞에 두신다는 것이다.

옳은 말씀인지라, 더 대꾸하지 못했다. 교회를 옮기는 대신, 내가 배울것이 무엇인지 찾으려고 애썼다. 놀라운 것은 내가 배우려고 애쓰자, 문제들이 모두 떠나가고 교회 생활을 정상적으로 하게 되었다는 사실이다. 그 후에 한 가지 습관이 생겼다. 어떤 일이 있을 때마다 "주님! 말씀하옵소서 이것을 통해 배우겠습니다" 라고 먼저 말씀드린다.

선교지를 옮기는 것도 주님께서 허락하지 않으시면 하지 못한다. 나는 그것 때문에 인도에서 다른 나라로 한 발자국도 옮기지 못했다. 생각하면, 이삭이 언약 때문에 가나안 밖으로 한 발도 나가지 못했던 거랑 비슷했다. 1982년 이곳에 온 후부터 지금까지 여기 이 자리에 쭉 앉아있는 이유가 스승으로부터 받은 가르침 때문이다. 하나님이 여기서 죽으라면 죽는 수밖에 없다. 이런 가르침이 참으로 의미깊고 감사하다. 내가 나 된 것은 하나님의 은혜라고 고백하는 것이 당연하다. 오대원 목사님 같은 스승이 계시지 않았다면, 내가 지금껏 선교사로 있었을까 싶다. 이런 생각이 들면, 고마운 생각이 저절로 든다. 이런 사랑을 받았으니, 나도 누군가에게 이런 가르침과 사랑을 베풀어야겠다고 늘 생각한다.

아니 저렇게 달라지다니?

독신 선교사로 사역하는 건 쉽지 않다. 남자 선교사들은 대체로 가정이 있지만, 여자 선교사로 파송받은 이들은 대부분 독신이다. 혹시 독신 선교사의 삶을 생각해 본 적이 있는지 모르겠다.

독신 여자 선교사들은 일반적으로 용감하고 강하다. 아무리 어려운 일이 생겨도 눈 하나 꿈쩍하지 않는다. 그렇다고 해서 독한 것만은 아니다. 살다보면 희한하게 눈물이 날 때도 있다. 특별히 선교팀이 선교지를 방문했다가 돌아갈 때, 공항에 혼자 남아 서 있는 여자 선교사를 독자 여러분이 본 일이 있는지 궁금하다. 선교사가 힘들어 하던가? 아니면 여전히 용감하고 덤덤하던가?

나는 스스로를 무척 용감하고 별로 외로움도 느끼지 않을뿐더러, 대단히 씩씩하다고 생각한다. 흥미로운 건, 이리도 용감 무쌍한 제자를 바라본 스승들의 마음은 정작 그리 편치 않았단 사실이다. 참 힘들어 보이고 안됐단 시선으로 나를 쳐다보는 모습이 느껴지 , 그게 어떨 때는 사실 더 힘들었다. 나는 괜찮지만, 그런 제자를 염려하는 모습을 스승에게서 발견하면, 그게 괴로웠단 이야기다. 어쩌면 인간이기에 나도 살짝 외롭고 힘들 때가 있음을 그분들이 눈치챘다고 생각하면, 그게 미안스럽다. 물론 내가 너무 지나치게 생각하는 것일 수도 있다. 아무쪼록 이런 생각이 전부 기우이기를 바랄 뿐이다.

1984년은 한국 기독교 100주년이 되는 해였다. 총회로부터 초청을 받아 귀국해서, 기쁜 마음으로 장신대에 들렀다. 주 교수님과 서 교수님을 만나기 위해서였다. 주 교수님은 충분한 시간을 가지고 만났지만, 서 교수님은 만났다고 하기 힘들만큼 그저 얼굴만 잠깐 보았을뿐이다.

내가 찾아왔단 소식을 들은 서정운 교수님이 교수실 밖에서 잠깐 기다리라고 하셨다. 아무리 기다려도 그분은 나오지 않으셨다. 기다리다 지친 나는 섭섭한 마음을 가지고 학교에서 내려왔다. 나중에 학생들 말을 통해서 듣자니, 그날 교수님이 그러신 건 이유가 있었다. 그분이 왜 그랬는지 알게 되자, 더 마음이 아팠고 오히려 교수님을 위로하고 싶어졌다. 서 교수님은 내 모습이 너무 많이 변한 것을 가슴 아파하셨다고 한다. 그렇게 화려하게 살았던 사람이, 선교한답시고 많이 변해서 가슴이 찡하셨단다. 차마 얼굴을 대하기가 힘들 정도였다고 한다. 그런 이야기를 강의실에서 학생들에게 하셨다는 이야기를 들었다. "교수님, 나 그래도 아직 괜찮아요. 너무 걱정하지 마세요." 이런 이야기를 해드렸다면, 그분이 좀 편히 여기셨을까?

그렇다 나는 많이 변해 있었다. 원래 좀 검은 피부를 가지고 있는데다가, 인도에서 교회 공사장을 쫓아 다니느라 정말 흑인 비슷하게 피부색이 변했다. 머리 또한 그랬다. 긴 머리는 관리가 어려우니 짧게 잘라서 아주 깡총한 머리 스타일을 하고 다녔다. 아마 이전에 알던 사람이 한국에서 나를 봤다면, 기겁했을 거다.

사실은 한국에서 전철을 탔는데, 거기서 기분 나쁜 평가를 들은 적이 있었다. 앞에 남자 대학생들이 앉았는데, 그들이 날 보고 "더럽게 시커멓네" 하질 않는가? 그런 말을 듣자 눈물이 나려했다. 내 피부색이 검은 줄은 알지만, 그렇다고 그렇게 더럽게 까만 건 아니었을텐데 말이다. 아마 그들은 내가 한국 사람이라는 것을 몰랐나 보다. 그렇지 않다면, 한국말로, 면전에서 그리 말할 순 없었을 거다. 그래도 나는 그런 모습이 감사했다. 인도에 가면, 검은 색 피부 때문에 그곳 사람들과 거리감 없이 지내니 좋았다. 사람들이 나를 어찌 보든 무슨 상관이란 말인가? 나의 변한 모습을 하나님이 어찌 보고 평가하실지가 훨씬 더 중요했다. 이걸로 기뻐하면 다 된 거 아닌가?

타인의 헌신, 나의 헌신

하나님은 왜 나를 아나운서로, 탤런트로 만드셨을까? 이 부분에도 하나님의 계획이 있었다. 그분은 계획을 세우신 대로 일을 진행해서, 부족한 나를 들어 쓰셨다. 우리 나라에 와서 선교사로 일하신 라이스(Robert Rice, 한국 이름 나의수) 목사님이 예수전도단 기도 모임에 오신 적이 있었다. 모임에 와서 필리핀에 있는 극동 방송국에 아나운서 선교사가 필요한데, 혹시 갈 사람이 있냐고 물으셨다. 나는 가만히 있었는데, 오대원 선교사님부터 시작해서 모든 사람이 말을 듣자마자 나를 쳐다 보면서 가라고 한다. 자의 반, 타의 반 가고픈 생각은 있었지만, 언어가 문제였다. 라이스 목사님께 영어도 못하는데 어떻게 가느냐고 했더니, 그분이 걱정 말라시며, 영어 공부도 할 수 있게 해 주겠다고 하시는 거다.

문맹선교회 대표 라이스 목사

결국 그 아나운서 일이 인연이 되어서 선교사라는 것에 꿈을 실어 봤다. 꿈은 시작됐는데, 일이 쉽게 풀리지 않았다. 라이스 목사님이 보내주시는 초청장으로 여권을 신청했지만, 발급받을 수 없었다. 무려 세 번이나 여권이 거절 당했고, 더 이상은 희망이 없을 것 같았다. 라이스 목사님은 포기하지 않고 4번째로 초청장을 보내셨다. 초청장을 들여다보니, 가는 곳이 필리핀 대신에 인도로 되어 있었다. 필리핀도 가기 어려운데, 인도는 될까 싶었다. 그것도 가능할 것 같지 않았다.

고민하던 차에, 장로회신학대학교에서 선교학과 설교학을 가르치시는 서정운 교수님이 연락을 주셨다. 하나님이 하시는 일은 우리가 알 수 없으니, 지금까지 어려웠다 하더라도, 한 번 내무부로 가보자 하셨다. 교수님과 함께 내무부에 가서 여기저기 수소문을 했다. 교수님이 아는 사람들을 연결하고 또 연결해서 여권을 신청했는데, 놀랍게도 드디어 나왔다. 최근에 서정운 총장님(이젠 명예 총장님이시다)에게 이 말씀을 드렸더니, "그게 외무부였나, 내무부였나?" 그러신다. 당시 내무부에서 하던 신원조회가 무지 까다로웠다고 회상하시면서, 그때 외국에 나가는 건 하늘에 별따기였다고 하셨다. 하여간 이건 뭐라고 말로 표현하기 어려운 기적같은 일이었다. 하긴 1970년대에 여권을 들고 외국에 나가는 건 절대로 만만한 일이 아니었다. 우여곡절 끝에 마침내 바라던 여권이 나왔으니, 결심을 실행에 옮겨야 했다. 사도행전 16장을 보면, 바울이 마게도냐로 가는 이야기가 나온다. 바울을 생각하면서 선교의 길을 준비하기 시작했다.

선교에 필요한 영어를 배우기 위해 먼저 미국의 미시간 대학에 갈 예정이었는데, 그곳 학비가 생각보다 너무 비쌌다. 하나가 해결되자, 또 높은 산이 나타난 것이다. 경비 문제가 앞을 막아서 거기 갈 수 있을지 확신하기 어려웠다. 왜냐하면, 돈 문제는 정말 내 힘으로 어떻게 할 길이 없었기 때문이다. 아무리 고민해봐도 학비가 나올 구석이 없었다. 내게 주어지는 돈이라야 한 달에 600불 정도가 고작이었는데, 그걸로는 도저히 학교 기숙사비며 수업료를 감당할 수 없었다. 이걸 어떻게 해야 할지 도저히 몰라서, 그저 하나님께 기도만 하고 있었다.

신기한 일이 생겼다. 탤런트 출신이 선교사로 간다는 기사가 신문에 난 것이다. 기사와 함께 그때부터 교회에서 나를 부르기 시작했다. 누구든 선교사로 가는 것조차 힘든 상황에서, 탤런트가 선교하러 간다고 하니, 여기저기서 간증해달라는 요청이 들어온 것이다. 이리저리 다니면서 간증하는 기회가 주어졌다. 간증을 하게 되자, 선교 사역을 위한 헌금이 들어오고 결국 학비와 기숙사비가 조달되는 기적이 일어났다. 나는 그전까지만 해도, 왜 하나님이 나를 탤런트로 부르셨는지 이유를 몰랐다. 그저 연기가 출중하고, 미모(?)가 뛰어났기 때문이라고 막연히 생각했다. 그때서야, '아, 나를 선교사로 보내기 위해서 탤런트로 만드신 거구나' 하는 깨달음이 퍼뜩 들었다. 그렇다면 정말 감사할 일이 아닐 수 없었다.

생각해보면, 하나님은 사람이 허투루 하는 말 한마디나 행동도 그냥 지나치지 않으신다. 하나님은 내 일생 전체를 내다 보시고, 나를 선교사로 세우기 위해서 먼저 탤런트가 되도록 하셨나보다. 그 이후로도 같은 방법으로 하나님이 선교 사역에 크게 역사하셨다. 우물을 팔 때도, 헌금이 들어왔고, 새로운 일을 할 때도 항상 그랬다. 그런 과정 속에서 귀한 사람들을 만나게 하신 건 두말 할 필요가 없다. 더욱 감사한 것은 그 만남이 지금까지 이어지고 있다는 사실이다. 선교 사역 중에 만난 그분들은 여전히 나와 소식을 주고 받는다.

II
인도 선교 이야기

"또 이르시되
너희는 온 천하에 다니며
만민에게 복음을 전파하라"
마가복음 16장 15절

3. 인도 선교를 위한 훈련

1) 미국에서의 생활: 1981~82년까지

    1980년 11월이었다. 영어를 공부하기 위해 미국 미시간주(Michigan)에 있는 앤 아버(Ann Arbor)에 갔다. 그곳에 머물면서 앤 아버(Ann Arbor) 한인 교회에 출석했다. 거기서 신앙생활을 하는 동안에 안타깝게도 교회에 분쟁이 나서 공동체가 두 개로 갈라졌다. 어느 쪽을 선택해서 가던지 큰 상관이 없었지만, 나는 상당히 난처했다. 나도 그렇지만, 당시에 미시간 대학교에서 공부하던 학생들 역시 한쪽을 선택해서 예배드리기 힘든 형편이 되었다. 왜냐하면, 그들을 가르치는 교수들이 양쪽에 나뉘어 관계되었기 때문이다. 학생들은 눈치를 보지 않을 수 없었다.

    어쨌거나 학생들은 신앙을 유지해야 했다. 나는 그들의 요청에 따라 함께 성경공부를 시작했다. 당시 한국 학생회 회장이던 김정훈씨(지금은 거의 중년으로 접어들었을 것이고, 어느 병원에선가 일할 것)와 이명호라는 여학생이 중심이 되어 KCF(Korean Christian Fellowship)라는 이름으로 학교에 동아리 등록을 했다. 그런 후에 근처에 있는 미국 교회를 빌려서 성경공부를 시작했다. 생각보다 많은 학생이 모였는데, 엉뚱하게도 한인 사회에서는 내가 인도에 가지 않고 여기서 한인 교회를 하려 한다는 소문이 났다. 어처구니가 없었지만, 실제로 그런 것과는 관계가 없었기 때문에, 우리는 용감하게 말씀을 공부하고 기도하며 성령님께 의지하고 하나님 앞에 나아갔다.

성경공부를 시작한 나를 보면서, 문맹선교회에서는 영어공부는 안 하고 이런 일을 한다며 근심이 대단했다. 라이스 목사님은 나더러, 제발 영어공부 좀 하라고 계속 말씀하셨다. 누구로부터 어떤 평가를 받든지 관계없이 성경공부는 중요했다. 성경 공부가 끝날 때 쯤에, KCF학생들과 함께 큰 집회를 계획했다. 집회에 지역 한인들을 초청해서 함께 경배와 찬양을 드리는 시간을 가졌다. 물론 그들이 내게 가지고 있던 오해도 풀렸다. 지금은 당시 함께 공부한 학생이나 집회에 오신 분들이 어디서 무엇을 하는지 모른다. 그들이 어디 있든지 모두에게 하나님의 특별한 은혜가 넘치길 기도한다.

우여곡절 끝에 앤 아버(Ann Arbor)에서 영어공부를 마치고, 오클라호마(Oklahoma)주 털사(Tulsa)에 있는 문맹선교회로 거주지를 옮겼다. 그곳에 소재한 오럴 로버츠(Oral Robert) 대학교에서 언어학(Linguistics)을 공부하기 위해서였다. 이건 영어공부보단 상당히 윗길이었는데, 나의 의지와는 상관없는 일이었다. 선교회에서 제시한 공부 이유는 간단했다. 문맹 선교를 하려면, 기초적인 언어 지식을 갖춰야 한다는 거였다.

　나는 기숙사에 살면서 공부했다. 이왕 학교에 입학해서 공부하게 됐으니, 좀 열심히 해보자고 작정했다. 결심이 서자, 일부러 한국 사람들을 만나지 않고 열심히 공부했다. 그러던 어느 날 교수 한 분이, 이곳에 한인 여자분이 있는데, 도움이 좀 필요하다고 말하는 거다. 나는 한국 사람을 만나지 못한다고 했다. 이유는 내가 잘나서가 아니라, 실제로 공부가 너무 힘들었기 때문이었다. 영어로 공부하는 건 장난이 아니었다. 내게는 미국 학생이 투자하는 몇 배의 시간이 필요했다. 그래야 균형을 맞추는 게 가능했다.

　요청을 정중히 거절하고 나서 집에 돌아와 기도하는데, 그 날따라 하나님께서 이 문제를 가지고 물으셨다. 이야기를 먼저 시작한 하나님이 "도대체 너는 왜 공부하느냐?"고 하셨다. 당연히 "빨리 공부마치고 가난한 영혼들을 위해 인도에 가려고 한다"고 대답했더니, "인도의 영혼만 영혼이고 여기 있는 힘든 여인의 영혼은 영혼이 아니냐"고 다시 물으셨다. 이런 말씀을 들으니 가슴이 아팠다. 나는 결국 회개하고, 여자를 찾아갔다. 성함을 완전하게 쓰지 못하겠지만, K. C. N.이라는 분이었다.

　내가 집에 찾아갔을 때, 그녀는 마약을 해서 옷을 벗고 있었다. 개인적인 상황을 알지 못하던 나는 무척 당황했다. 알고 보니 그녀는 미군 기지 근처에 살다가 미군을 만나서 결혼을 했다. 남편을 따라 미국에 왔는데, 그가 얼마 전에 자녀도 없는 상태에서 세상을 떠났다는 것이다. 그후로는 살 소망도 사라지고, 너무 외로워서 마약을 하지 않으면 버티지 못한다고 했다.

   그 사람과 이야기 하면서 예수님을 전했다. 우리는 거의 밤을 새워가며 이야기했다. 긴 이야기 끝에 그녀가 갑자기 일어나더니 화장실에 간다면서 사라졌다. 화장실 물을 내리고 밖으로 나와서 하는 말이 "선교사님, 나를 책임지세요" 했다. 나는 이 말이 무슨 뜻인지 알지 못했다. 계속되는 이야기를 들으니 기가 찼다. 자기가 가지고 있던 마약을 모두 변기에 쓸어넣어 버렸으니, 이제부터 자신의 삶을 책임지라는 것이었다. 내가 하나님도 아닌데, 어떻게 그녀를 책임진다는 말인가? 자매가 말을 이었다. 자신은 마약을 버렸으니, 나더러 자기 집에 들어와 살면서 예수님을 온전히 가르쳐 자기를 정말 예수님만 의지하는 사람으로 만들라는 것이었다.

   당시 나는 한국 사람을 만나지 않고 공부만 해야겠다고 다짐하고 열심히 노력하고 있었다. 그런데 도대체 이게 무슨 일인가? 나는 당황했다. 자매와 마무리 기도를 드린 후 다시 기숙사로 돌아갔다. 당연히 하나님께 어떻게 해야 하느냐고 물었다. 내 마음을 향해 주께서 말씀하셨다. "학위가 없어서 내가 너를 쓰지 못할까? 베드로는 박사학위가 있어서 내가 썼더냐? 네가 인도에 가서 나를 전할 때 박사 학위가 없어서 너를 사용하지 않겠느냐?" 이게 그날 들은 주님의 음성이었다.

   나는 지금도 이것이 분명히 하나님께서 나에게 하신 말씀인 것으로 믿는다. 결국은 기도 끝에, 결정했다. "한 영혼을 살리는데 주님께서 나를 사용하신다면 기쁨으로 행하겠습니다"라고 고백하고 짐을 쌌다. 그

길로 자매 집에 들어갔다. 라이스 목사님은 이런 내가 황당했을 것이다. 나를 야단치며 공부를 마쳐야 인도에 갈 것 아니냐고 말씀하셨다. 그럼에도 불구하고 나는 라이스 목사님을 설득했다.

나는 자매와 함께 살면서 그녀를 하나님 앞에 온전하게 세워가기 시작했다. 그녀는 성령으로 거듭난 후 삶이 확 달라졌다. 그녀가 이제 살 것 같다고 하는 말을 듣고 나서야, 미국 교회에 그녀를 소개했다. 일이 정리되자, 나는 바로 인도로 향했다.

1984년에 자매에게서 편지가 왔다. 자기는 선교사가 되어 예전에 한국에서 살던 곳으로 나간다는 것이었다. 내가 생각하고 계획하는 것이 하나님 앞에서는 얼마나 비루한 것인지 그때에 확실하게 깨달았다. 지금 K. C. N. 선교사는 어떻게 지내고 있을까? 편지 내용이 자기를 찾지 말아 달라는 것이었기 때문에 그녀를 찾지 않았다. 그렇긴 하지만, 지금도 자매를 위해 기도한다. 하나님께서는 작고 낮은 자를 귀하게 만드셔서 주의 일을 위해 쓰신다. 하나님은 K. C. N.을 통해, 또한 나 같은 사람을 통해 그 사실을 증명하셨다.

2) 금식기도 이야기
첫 번째 금식기도(하나님이 준비시키셨다)

선교와 관련한 사역만 해도 감당하기 힘들다. 그런 와중에 금식하는 건 절대 쉽지 않다. 금식하고 싶은 사람이 세상에 어디 있겠는가? 그걸 원했던 건 아니지만, 정말 여러 차례 할 수밖에 없었다. 선교를 시작하기 전에 훈련받으면서 금식했고, 또 선교사로 현지에 가서 일하면서도 금식해야 했다. 금식기도는 선교사로 나가기 전과 후를 나누어서 따로 이야기할 주제가 아니다. 부득이하게 금식하긴 했어도, 부족한 나를 일으켜 세우는 강한 힘을 여기서 얻었다. 그런 까닭으로 아예 하나로 묶어서 이야기를 할까 한다.

나는 지금까지 살아오면서 40일 금식을 다섯 번 했다. 어떤 때는 간절하게 주님께 매달리는 마음으로 금식했다. 하지만, 또 어떤 때는 심통이 나서, 화가 난 채로 금식하기도 했다. 매번 상황이 달랐기 때문에, 자신있게 "40일 금식기도를 여러 번 했습니다"라는 말을 하기가 조금 멋쩍기도 하고, 쉽지도 않다.

첫 번째 금식기도는 간절한 마음이 있었기 때문에 가능했다. 1980년 7월 1일부터 금식을 시작했는데, 그때는 이게 너무나 절실하게 필요했다. 나는 그전까지 집안의 가장 노릇을 해왔다. 하나님이 부르시니 선교사로 나가기는 해야 하지만, 남은 가족이 너무나 걱정됐다. 어쩌면 식구를 부양해야 하는 가장으로서 책임이 있는 사람이 가정을 떨쳐버리고 선교하러 간다는 것이 인간적으로 잘못됐다 싶었다. 그래서 주님께 묻기로 했다. 달리 말하면, 식구를 버려두고 그냥 선교사로 나가는 것이 옳은지, 아니면 책임을 다하는 게 인간의 도리인지 알고 싶었다.

'내가 사람으로서 맡은 일과 도리를 감당하지 못하면서, 무슨 하나님의 일을 하겠다고 선교사로 나간단 말인가?'

누가 들어도 우스울 것 같고, 해서는 안 되는 일 같았다. 그렇다고 해서 선교에 무슨 대책이 있는 것도 아니었다. 나를 후원하는 교회가 있는 것도 아니요, 선교지에 갈 경비가 있는 것도 아니었으니, 그저 빈 깡통만 차고 있는 형편이었다. 이렇게 대책 없는 일이 또 있을까? 뭘 어떻게 해야 하는지 하나님께 여쭤보고 싶었다.

기도하러 산에 올라가자, 내 입에서 절규가 흘러나왔다. "하나님, 우리 식구들 어떻게 해요?" 말씀을 전할 때는 주님께서 모든 것을 책임지시기 때문에 그분께 맡기라고 늘 선포했다. 막상 내 앞에 이런 일이 닥치고 보니, 전하던 말씀과 너무 동떨어진 생각을 가진 자신을 발견했다. 내게 닥친 문제를 어떻게 해결할지 알지 못하는 자신이 한심했다. 도를 넘는 걱정이 문제 위에 넘실댔다. 금식하면서 한참을 부르짖는데, 주님께서 내게 이렇게 말씀하시는 것 같았다.

"네가 지금까지 가정을 책임졌다고? 네가 모든 것을 했다고?
그럼 뭐 이것도 네가 할 수 있으면 해결해 보든지 하려무나."

생각해보니 그랬다. 그때까지도 내가 해왔다고 말은 했지만, 실제로 생각해 보면 그렇지 않았다. 주님이 하셨으니 가족을 돌보는 게 가능했단 깨달음이 왔다. 그렇다! 내가 식구들을 위해 한국에 남는다 해도, 내 힘으로 할 수 있는 일이 별로 없었다. 아니, 하나도 없었다. 이리 생각하니, 가족의 생계 문제는 나름대로 길이 보였다. 무책임해 보일는지 몰라도 "주님께 드립니다" 하고 던져 버리듯 그분 앞에 문제를 내려놓았다. 실제로 하나님이 하셔야 뭐든 된다. 내가 한다고 생각하니 문제가 생긴 것이었다.

금식하면서 또 다른 기도 제목도 있었다. 그건 은사에 관한 것이었다.

"기왕에 금식하는 것, 은사라도 주시면 선교지에 가서 일하는 게 좀 수월하겠습니다"

라는 기도가 내 목을 가득 채웠다. 그렇게도 열심히 기도했는데, 은사는 눈에 보이질 않았다. 계획은 잔뜩 세워서 기도한답시고 제목들을 가지고 기도원에 올라갔고, 금식도 했지만, 하나님이 내가 원하는 은사를 주시지 않아서 많이 속상했다. 그런데 금식을 시작한지 30일 째 되는 날에 크게 깨닫게 하신 것이 있었다.

그날은 정말 힘이 없었다. 하나님께서 배고프냐고 물으셨다. 말할 힘도 없어서 마음으로만 대답했다. "주님 곡기 끊은지 30일이나 됐어요. 아무것도 못 먹어서 배고파 죽겠어요." 투정이 자연스레 속에서 배어나왔다. 주님이 문득 그러셨다.

"너는 지금 배가 고파 죽겠다고 하지만, 인도의 많은 사람들은 이미 배가 고파서 죽었고, 또 죽어가고 있다. 내가 이 빵 한덩이를 지금 네게 주면 어떻게 할래?"

나는 퍼뜩 놀라서 눈을 뜨고 방안에 누가 없는지 먼저 살폈다. 주님이 빵을 주신다 했으니 분명히 주실 건데, 누가 있으면 나눠 먹겠다고 하고, 아무도 없으면 내가 혼자 다 먹고 싶었기 때문이다. 뭐랄까. 지금 생각하면 참 우습지만, 믿음과 욕심이 혼재된 상황이 방에서 벌어졌다. 이런 모습을 보신 주님께서 말씀을 이으셨다.

> "그건 위선 아니냐? 내가 비록 너에게 빵을 준다 해도, 그걸 사람들과 나눠먹을 사랑은 정작 없는 듯 하구나. 너는 내게 은사를 달라고 요구했는데, 그것보다 귀한 건 사랑 아니냐? 네게 사랑이 있으면, 인도에 가서 길거리의 병자를 위해 기도하지 않겠느냐? 그럴 때, 네게 병 고치는 은사를 주는 게 당연하지 않겠느냐?"

마음속에 부딪혀 오는 주님의 음성을 들으면서 깊이 생각했다. 따지고 보니 나에게 그런 사랑이 없는게 문제였다. 하나님은 은사보다도 사랑이 더 능력 있는 것임을 나에게 알려주셨다. 기도하면서 은사를 먼저 생각한 건 대체 뭐란 말인가? 그래서 기도를 바꿨다. "주님 내 안에 사랑이 생기도록 도와 주옵소서." 이렇게 기도하자, 정말 내 속에서 말로 표현하기 힘든 사랑이 넘쳐나는 것만 같았다. 그날 나는 놀라운 깨달음을 얻었다.

금식 기도가 막바지를 향해 가면서 아주 힘든 일이 하나 생겼다. 나도 사람인데, 사람 냄새가 그렇게 싫을 수가 없었다. 아마 아무것도 먹지 않으니 속에 아무것도 없어서 그랬는지도 모르겠다. 하여간 냄새에 예민해져서, 물속에 코를 박으면서까지 견뎌내려고 애썼다. 금식 기도하면서 물리적으로는 이게 가장 견디기 힘들었던 기억이 난다. 나중에 알고보니, 이런 현상도 나의 깨달음과 훈련을 위한 주님의 작전이었다.

작정한 40일 기도 마지막 날이 되었다. 그날 희한한 일이 생겼다. 그것이 환상인지 내 생각이었는지 지금껏 불분명하지만, 하여간 눈에 그림이 보였다. 내가 두 손을 높이 들고 "주님 보내주시옵소서" 하며 부르짖는데, 주님께서 큰 나무 아래에 더러운 인도아이를 앉혀놓고 그를 안으라고 하셨다. 나는 순간 들었던 손을 내리며 말했다.

"주님 너무 냄새가 나요."

그런 내게 주님께서 웃으시며 그러셨다.

"사랑이 생겼다며?"

아이고, 정말 화들짝 놀랐다.

"주님 죄송합니다"

라는 말밖에 드릴 것이 없었다. 주님이 나가서 그 아이를 안고 들어오면서 한 마디를 툭 던지셨다. "사랑도 네가 하는 게 아니고, 내가 하는 거야." 아, 주님은 정말 지독하셨다. 끝까지 나를 밀어붙여서, 사랑에 관해 처절하게 깨닫게 하셨다. 기도 후에 다시 깊이 묵상했다. 정말 세상에 내가 하는 일은 하나도 없었다. 주님께 모든 것을 맡기는 것 외에 달리 할 일이 없다.

돌아보니 쓰러지고 일어나며, 또 실수하고 회개하며 우는 것이 마치 내 일인 것처럼 되었다. 언제나 "주님 잘못했습니다" 소리 좀 안 하고 살 수 있을까? 나는 부족하지만, 주님을 찬양한다. 나의 실수를 받아 주시고 고쳐주시는 주님께 감사할 뿐이다.

두 번째 40일 금식(대학생들과의 성경공부)

세상에는 선교사를 받지 않는 나라가 많다. 이런 나라들은 선교사에게 비자를 내주지 않는 정책으로 기독교 선교를 통제한다. 특히 회교권이나 힌두교권에서는 선교사가 비자를 받을 수 없다. 뿐만 아니라, 이미 전부터 사역하던 분들이 추방당하는 일도 비일비재하다. 그런 까닭으로, 대부분의 선교사는 자신의 신분을 제대로 밝히지 못하고, 학생이나, 사업, 또는 관광 명목으로 비자를 얻어 선교지에 입국하는 경우가 많다.

나는 1982년 인도에 학생 신분으로 들어갔다. 실제로도 언어를 배울 필요가 있었고, 그러려면 먼저 학생으로 그곳에서 살아야 했다. 확인해 보니, 언어(타밀어)를 배우기 위해 학생 비자를 얻는 것이 가능했다. 이건 원래 1년 정도면 마칠 수 있는 언어 과정 1단계였는데, 낙제를 하면 한 해 더 공부하는 것이 가능했다. 우선 그렇게라도 인도에 머무는 일이 이뤄진다면, 무엇인들 마다하겠는가? 그래서 언어 과정을 우선 수료하고, 그것이 끝나면 스텔라 메리스 대학(Stella Maris Univ.)에서 역사학을 공부하겠다는 제안을 해서 학생 비자를 받았다. 한 가지 분명한건, 이렇게 힘든 과정을 통해서 인도에 들어가니, 거기서 일하시는 하나님을 볼 수 있었단 사실이다.

인도에 들어간 나는 대학생들과 성경공부를 시작했다. 제법 많은 학생이 모였다. 그들을 위해 열심히 사역하면서, 함께 공부하는 학생들이 정말 예수님만을 오직 구세주와 그리스도시요, 하나님의 아들이며, 천국가는 길이라고 믿는지 확인하고 싶었다. 공부를 가르치던 어느 날, 마음에 가지고 있던 생각을 꺼내서 그들에게 분명히 물었다.

"여러분은 예수 그리스도를 통해서만 구원을 받아 천국에 간다고 생각합니까?"

학생들이 그렇다고 대답해줬으면 얼마나 좋았을까? 놀랍게도 23명 전원이 부정적인 대답을 하는 것 아닌가? 그들이 말하기를, 오직 예수로만 구원받는다고 고집하는 것은 편견이요, 오만이라는 것이다. 믿기로는 방에 들어가는 문이 여러 개 있는데, 자기들은 그저 예수님이라는 문으로 들어가고 싶어서 그분을 따른다는 것이었다. 그야말로 다신교 배경에서 자란 사람이 가지는 '다원주의'(Religious Pluralism) 신앙 정석을 그들이 보여주었다. 그들에게 복음을 전하면서 나름대로 정성을 다했기에, 그런 말을 듣자, 참담함이 엄청나게 밀려왔다.

바로 그때였다. 내 생각과 전혀 상관없는 말이 입에서 터져 나왔다. 도대체 그들을 위해서 40일간 금식기도 하겠단 말을 내가 갑자기 왜 했을까? 세상에 이런 일이 또 있을까? 인도의 대학생들을 위해서 내가 금식하겠다고 자원해서 말한 것이다. 내 머리는 '그럴 필요까지는 없다'고, '그건 아니라고' 내게 말했다. 그렇지만 순간 그런 희한한 이야기를 입으로 말하게 하신 분이 성령님이라는 것을 나는 깨달았다. 어쩔 수 없었다. 성령님이 말하게 하셨으니, 죽어도 좋다고 작정하고 순종하기로 했다. 얼떨결에 시작한 금식이었지만, 그때의 경험은 나에게 또 하나의 은혜요, 축복이며, 나를 일으켜 세우는 체험이 되었다.

금식을 시작했는데, 첫 번째 끼니를 거를 때부터 나는 죽을 것 같이 괴롭고 힘들었다. 남의 나라에서, 그동안 섭생도 충분하게 취하질 못했는데, 아예 본격적으로 음식을 먹지 못하니 그런 모양이었다. 시간이 흘러서, 한 주 후에 학생들이 성경공부를 하기 위해 다시 모였다. 내가 진짜로 금식에 돌입했고, 더구나 벌써 한 주가 되었단 사실에 그들은 깜짝 놀랐다. 나중에 들으니, 마하트마 간디조차 한 주 밖에 금식을 못했는데, 누구든 더 이상은 할 수 없을 것이라고 그들은 생각했다고 한다.

자기들끼리 쑥덕거리기를, 내가 계속 금식하는지 두고 보자 했단다. 한 주 후에도 별 문제 없이 여전히 살아있는 나를 보자 학생들이 엄청나게 놀랐던 모양이다. 그들은 나를 대단하다고 생각했겠지만, 정작 나는 그리 괜찮질 못했다. 사실 죽을 것 같이 피곤했다. 다만 한 가지 놀라운 일은, 말씀을 대할 때는 이상하리만큼 피곤함이 싹 가시곤 했단 사실이다. 도대체 기운이 어디서 어떻게 솟아나는지 알지 못할 정도였으며, 내가 금식하고 있다는 것조차 느끼지 못할 만큼 힘이 솟아오르는 것을 체험했다.

일이 이렇게 되자, 우스꽝스럽게도 성경공부하는 시간에는, 그들이 내가 금식한다는 것을 의심할 정도로 쌩쌩한 모습을 유지하는 것이 가능했다. 그만큼 힘이 솟아나서 피곤을 모두 잊고 예수님을 증거했다. 이전보다 더 강력하게 예수님의 구원에 관해 설명했다. 참으로 설명하기 힘든 것은, 공부를 마치고 학생들이 돌아가면, 즉시로 내 상황이 달라진다는 사실이었다. 쑥쑥 솟아오르던 힘이 어디론가 사라져 버리고, 피곤해서 마치 돌아가실 것 같은 곤고함이 나를 둘러쌌다. 따지고 보면, 생으로 굶고 있었으니 평소에 피곤한 건 자연스러운 거였다. 오히려 말씀을 가르칠 때 성령님이 역사해서 힘을 주신 게 특이한 기적이었다.

학생들이 "두고 보자" 한 지 3일이 지났다. 라쥴라라는 학생이 찾아왔는데, 내가 여전히 금식하고 있는지, 아니면 굶어 죽었는지 알고 싶어 온 것이었다. 설명하기 어렵지만, 라쥴라가 왔을 때 놀랍게도 피곤이 싹 사라지고, 다시 힘이 나는 것을 깨달았다. 용기가 솟은 나는 라쥴라에게 예수님만이 오직 구세주요, 예수님을 통하지 않고는 천국에 갈 수 없다는 것과 성령으로 이 모든 일이 가능하다는 사실을 설명했다. 생사 여부를 확인하러 왔던 여학생이 오히려 그 순간에 뒤집어졌다. 자기도 성령을 받는다면, 믿겠노라고 한다. 너무나 기뻐서 예수님과, 성령님에 관해 다시 한 번 잘 설명하고, 성령님이 임하여 주시길 기도했다. 그러자 그 시간에 성령님께서 역사하셔서, 여학생이 방언과 예언을 하게 되었다.

일이 이렇게 될 줄 누가 감히 짐작이나 했겠는가? 그 후로 내가 예수님에 대해 열심히 설명하지 않아도, 라쥴라가 앞장서서 모임의 학생들에게 말씀을 전했다. 또 학교 교정에서도 그녀가 아이들과 함께 둘러앉아 예수 그리스도를 선포하는 것을 보았다. 되어지는 모든 일을 눈으로 확인하면서, 나는 하나님께 영광과 감사를 올려드리지 않을 수 없었다. 하나님께서 역사를 일으키신다는 확신이 섰기 때문에 감사와 찬양을 드리는 것이 너무나 당연했다. 함께 말씀을 공부하던 학생들은 예수님을 온전히 믿는 사람으로 변했고, 각자가 하나님만을 섬기며 예수 그리스도만 믿겠노라고 선포했다. 나는 그것으로 족했다. 우리 성경공부 모임은 한동안 계속되었다. 모일 때마다, 하나님을 경배하고 전도하는 일에 힘썼던 것을 지금도 기억하며 주님을 찬양한다. 아마도 그때부터였을 것이다. 평소에는 그저 그렇다가도, 말씀을 전할 때가 되면 없던 힘까지 나는 현상이 내게 생겼다. 가끔은 피곤해서 꾀를 부리고 싶을 때도 물론 있다. 인도에 머물면서 사역하는 때는, 매일 아침 저녁으로 말씀을 전해야 하니, 아무래도 힘이 든다. 그렇지만 힘없이 몸이 쳐져있다가도, 말씀을 들고 전하려 하면 바로 힘이 솟아 오르곤 한다. 지금도 연약한 육신에 힘을 주시는 하나님을 찬양한다.

세 번째 금식 기도(서울 올림픽)

1988년에 서울에서 올림픽이 열렸다. 올림픽이 개최되면 전 세계 사람들이 몰려오니, 그들에게 선교를 하자는 마음이 내게 가득했다. '한민족 복음성회' 라는 단체가 이 일에 큰 관심이 있었다. 그 안에 있는 여성분과위원회가 중심이 되어 올림픽을 위한 선교사역을 계획했다. 직접 현장에 나가서 사람을 만나는 스탭과 기도와 행정으로 뒤에서 협력하는 사람들로 나누어 일을 시작했다. 특히 현장 스탭은 그들 나름대로 훈련을 받는 등, 모두 상당히 열심이었다. 당시에 민병운 권사님이 여성분과위원회 회장을 맡았는데, 위원회에 총무 할 사람이 없다고 한탄했다. 민권사님은 우리 나라 제1호 여성 외과 의사였으며, 한민족 복음성회 여성분과위원장이었다. 이런 분이 총대를 맸는데도 총무 자리가 빈 이유는 위원회에 돈이 없었기 때문이다. 민권사님이 어렵게 나에게 부탁했고, 고민 끝에 이를 수락했다. 일을 시작하면서 위원회가 무려 20만 원의 빚을 먼저 안아야 했다. 재정이 여의치 못하니 어쩔 수가 없었다.

힘들긴 했어도 마침 올림픽 위원장을 맡은 박세직 집사님의 신앙이 고귀한 것이 너무 좋았고, 또 이분을 잘 아는 송혜전 권사님이 부총무로 같이 일하게 된 것도 감사했다. 우리는 진심으로 올림픽을 통해서 복음을 전할 계획을 수립했다. 우선 기도부터 시작할 필요가 있었다. 먼저 제주도에서 시작해 나라 전체의 여전도회가 기도할 수 있도록 하자고 결정했다. 예장통합뿐만 아니라, 교단을 초월해서 모든 여성 신자가 사역을 위해서 기도하자고 의견을 모았다. 감사하게도 일이 순조롭게 이루어져서 박세직 집사님이 간증을 해주시는 등 모임이 활발해졌다. 우리는 여전도회 회원들과 함께 기도회를 갖는 일에 매달렸다. 시간표를 짜면서 모임 계획을 세워나갔다. 물론 전혀 관계가 없던 교단에 부탁해서 여전도회원을 모아달라고 하는 것이 쉽지는 않았다. 우리 힘만으로는 모임을 확대하는 것이 어려웠기 때문에, 목회자 연합회 목사님들에게 조찬을 대접하면서 여전도회 회원을 모아주시기를 부탁드렸다. 일이 잘 진행되어서 여전도회원이 모이면, 우리가 가서 설명했다.

일이 진행되면서 목사님들에게 계속해서 협력해주시고 기도에 동참해달라고 부탁했다. 감사하게도 많은 목회자들이 협조해 주셔서 계획한 일이 잘 풀렸다. 물론 와중에 참 볼썽사나운 일이 없진 않았다. 몇 분이 집회를 위해 먼저 사용한 금액을 우리가 지불했는데, 어떤 목사님은 사우나에 가서 목욕한 것까지 신청하기도 했다. 털어내서 좋을 건 없지만, 그런 건 좀 아니란 생각을 지금까지도 지우기 어렵다.

총무로 일할만한 사람이 있긴 했지만, 워낙 돈이 부족하니 다들 사양하는 상황이었단 걸 이미 언급했다. 다른 방법이 없어서 내가 일을 맡았는데, 막상 시작하니 놀라운 일이 계속 생겼다. 특히 헌금이 많이 들어왔다. 약속 헌금까지 합하면 약 1억원에 가까운 돈이 모였다. 돈이 생기자, 사람들 생각이 달라지는 게 눈에 들어왔다. 그토록 일을 못 맡겠다고 손사래를 치던 교계 여성들이 하나둘씩 모이기 시작한 것이다. 결국에는 악한 마음을 내뿜는 사람까지도 모임에 관여했다.

악한 일은 다 견디기 힘들었지만, 무엇보다도 좋지않은 소문이 돌아

다니는 게 제일 견디기 힘들었다. 어떤 사람은 내가 돈을 모아서 인도에 가지고 가려고 한다는 거짓말을 퍼뜨리기도 했다. 여러 가지 일이 벌어지는 걸 보면서 마음이 착잡해졌다. 돈이 생기자 일하겠다고 모이는 여성 지도자들을 보면서 더 이상 거기서 일하기 싫어졌다. 생각 끝에 총무 자리를 내려놓았다. 일을 그리 마무리짓고, 나는 곧장 산에 올라가서 금식에 돌입했다. 이것이 세 번째로 40일 금식기도를 하게 된 상황이었다. 금식하면서 더러운 생각이 올림픽을 좀먹지 않게 해 달라고 부르짖었다. 올림픽을 통해 하나님의 일이 이루어지기를 간절히 기도했다.

어찌 되었든 올림픽은 성공적으로 끝났다. 그런데, 더러운 돈 귀신들은 도대체 어떻게 됐을까? 가끔 한국에 나와 여성 모임에 가면, 나라를 위해 기도 모임을 하니 어쩌니 하면서 모이는 이들을 본다. 놀라운 것은 모이는 여성이 여전히 그때 그 사람들이란 사실이다. 양심이라도 좀 남아있으면 나를 쳐다보기 힘들텐데, 그런 것도 없다. 하나님이 나에게는 그런 꼴을 그냥 참고 넘기지 못하는 성품을 주셨다. 당시 불의하다고 생각하고, 그걸 참지 못해서 총무를 그만 두었지만, 그것 때문에 거기 남아있던 선한 분들이 좀 힘들었다. 그분들에게는 송구한 마음이 크다. 내가 사임했기 때문에 졸지에 입장이 어렵게 된 세 분 부총무들에게 미안했던 마음이 아직까지도 남아있다. 일을 끝까지 마치지 못하고 헤어진 것이 안타까웠다. 누구든지 하나님의 일은 좀 깨끗한 마음으로 하면 좋겠다. 내 성격이 강한 것이야 자신이 너무 잘 안다. 이런 사람도 조직에 붙어서 끝까지 일할 수 있게끔 교계의 물이 맑아진다면, 너무 감사하고 좋겠다.

네 번째 금식기도(선교지를 위해서)

네 번째 금식은 1994년에 있었다. 금식하기 전에 생긴 일을 조금 설명해야 할 것 같다. 나는 1989년 12월에 이로드에서 크리시나기리로 이사했다. 인도의 12월은 한국과 마찬가지로 겨울이다. 그래서 더욱 그곳이 시원하게 느껴졌는지도 모르겠다. 어쨌던 이사를 하고, 어린이집 사역을 시작했다. 시설은 4세 미만의 여자 아이들을 위해 설립되었고, 유치원 사역도 같이 시작했다.

하지만 아이들을 위한 시설이 매우 비좁다는 문제가 있었다. 셋집을 얻어 방을 나누고 부엌까지 교실로 썼지만, 그걸로는 엄청나게 부족했다. 애쓰다 못해 마당에 코코넛 잎으로 지붕을 덮은 임시 건물을 세워 교실로 썼는데, 그래도 비좁아 터져서 견딜 수 없었다. 학교는 계속해야 했기에, 근처 땅을 조금 샀다. 땅을 사면, 재단을 만들어 등록을 해야만 했다. 나중에는 관계가 어렵게 됐지만, 당시에는 어쩔 수 없어서 '가르테야 샐버라지'라는 목사에게 재단 등록하는 과정을 도와달라고 부탁했다. 재단의 이사로는 두 사람을 추천했다. 그분들이 이사로 섬기면, 재단에 어려움이 없을 것 같았다. 재단에 관한 일을 맡기고 나는 스리랑카로 갔다. 지금도 그렇지만, 당시에도 비자관계로 인도에서 6개월 머물고, 스리랑카에서 또 다른 6개월을 있으면서 선교할 수밖에 없었다.

재단을 등록하는 행정을 샐버라지 목사에게 맡겼지만, 나도 그도 이런 사역을 하는 데 필요한 공무를 잘 몰랐다. 마침 '캡틴 토마스'라고 불리는 신실한 기독교인이 이곳 크리시나기리에 있었다. 그가 일에 필요한 여러 가지 행정적인 부분을 조언해줬다. 우선 재단(TRUST)를 만들어 정부에 등록을 해야 학교를 할 수 있다는 것도 토마스가 알려줬다. 재단이 무엇인지 이곳저곳 외국 선교사들을 찾아다니며 등록에 대해 알아보았다. 많은 선교사들의 조언과 그들이 겪었던 여러 가지 어려운 일에 관해 들을 수 있었다. 선교사들이 재단을 설립하고나서, 이사들로 인하여 받은 고통, 모든 재산을 이사들이 나누어 팔아 버리는 일들이 비일비재했다. 그런 까닭으로 제대로 선교가 이루어지지 않은 경우가 많았다. 선교하려고 지은 건물이 오히려 흉물스럽게 변해가는 곳도 여러 군데였다. 믿을만한 사람을 이사로 추천해야 하는 이유가 여기 있었다. 이사가 3명이면 된다고 해서, 내가 2명을 추천하고 샐버라지 목사가 나머지 한 사람 몫을 감당하도록 했다. 내가 들어가야 정상이었지만, 외국인은 이사가 되지 못한다고 해서 그러지 못했다.

　언급했듯이 인도는 체류 비자를 6개월 이상 주는 경우가 없었다. 나는 인도에 장기간 체류하기 위해서 인도와 스리랑카를 번갈아 다니며 두 곳에서 선교를 해야하는 형편이었다. 내가 스리랑카로 넘어가자, 샐버라지 목사가 소식을 전해왔다. 재단을 등록하기 위하여, 다른 재단들의 정책을 참고해서 우리 것을 마련했다는 것이다. 얼마 지나지 않아, 샐버라지 목사가 재단을 등록했다면서 '복음'(BOGUM)이라는 이름이 붙은 재단등록증을 직접 가지고 왔다. 살펴보니, 재단에 내가 추천한

두 분이 이사로 등록되지 않았다. 샐버라지 목사는 그들 대신 자기 부인과 처남을 이사로 등록해 놓은 거다. 이것이 무슨 뜻이겠는가? 내가 선교를 위해 마련한 재산, 즉 학교 부지와 건축중인 건물이 그 재단 이름으로 등록되면, 모든 게 그들 것이 된다는 의미였다.

이미 구입한 학교 부지는 샐버라지가 만들어 등록한 '복음'(BOGUM) 재단 소유로 등재된 상황이었다. 모든 것을 잃을 위기가 닥쳐온 것이다. 그는 내 이름으로는 재단을 설립하지 못한다고 주장하면서, 그것 때문에 자기가 도움을 주기 위해 이렇게 했다고 주장했다. 캡틴 토마스에게 자세히 상황을 다시 물어보니, 샐버라지의 말은 거짓이었다. 그는 절대로 나같은 외국인은 재단을 설립할 수 없다고 주장했었다. 이사가 될 수 없는 건 맞지만, 적어도 재단 설립은 외국인이라 할지라도 얼마든지 가능했다.

사실을 확인하고 나서, 샐버라지와 다시 이야기를 나눴다. 우선 내 이름으로 트리니티 재단(TRINITY SERVICE TRUST)을 다시 세워서 등록하자고 했다. 그리고 나서 샐버라지가 세운 '복음'(BOGUM) 재단에 등록된 학교부지를 트리니티 재단으로 옮기자고 했다. 학교부지는 선교를 위한 것이었으며, 샐버라지 개인에게 바치기 위한 것이 절대로 아니었기 때문이었다.

이 일 때문에 샐버라지 목사와 원하지 않는 다툼이 벌어졌다. 학교와 어린이집은 이미 기초공사가 이뤄진 상태였는데, 문제는 대지가 샐버라지가 만든 재단에 소속된 것에 있었다. 결론적으로 그는 학교부지를 새로운 재단에 주지 않겠다고 했다. 처음부터 조금 의심스러웠지만, 외국인 이름으로는 재단을 설립할 수 없다고 주장하는 바람에 어쩔 수 없이 그가 원하는 대로 해준 것이었다.

언급했듯이 캡틴 토마스가 알려준 바에 의하면, 모든 것이 거짓이었다. 그는 나를 속이고자 했다. 이 일로 해서 우리 두 사람 사이에 말하기도 싫은 싸움이 벌어졌다. 샐버라지 목사 부인은 동네가 떠나갈듯이 소리를 지르며 나에게 욕을 해댔다. 경찰서에 가서 내가 선교사라는 사실을 다 말하고 고발하겠다고 협박했다. 지금에서야 옛날 일이니 편히 말하지만, 그땐 너무 힘이 들었던 기억이 난다. 세상에는 이런 사람들도 있다. 솔직히 말해서, 내가 맞대응해서 할 수 있는 일은 아무것도 없었다. 모든 상황이 나에게 불리했다. 나는 외국인이며, 선교사였기 때문이다. 외국인은 거의 아무것도 하지 못하는 당시 인도 상황에서 내가 무엇을 할 수 있었겠는가? 샐버라지는 모든 것을 잘 아는 사람이었다. 나에게 접근한 이유가 있었다.

그런 와중에 또 다른 일이 벌어졌다. 당시에 영락교회에서 선교비를 보내서 전도사 사례비를 보조해 주었다. 샐버라지 목사를 위해서는 100불을 보조 받았으며, 다른 전도사들 몫으로는 한 사람 당 약 30불 정도를 받았다. 액수를 전부 합하면, 200불 정도 보조를 받는 셈이었다. 나는 별 생각없이, 보조금을 샐버라지 목사 한 사람의 이름으로 받았다. 번거롭게 사람을 구별해서 각자에게 30불씩 보내라고 영락교회에 요구하기가 미안했기 때문이었다. 그럴 경우에 수수료가 더 들어가는 문제가 있었다. 이런 이유 때문에 샐버라지란 이름으로 한꺼번에 전액을 받아서 개별적으로 사례비를 나누어 주었다. 이걸 샐버라지 목사가 이상하게 생각한 듯 했다. 처음부터 이런 사정을 설명하고 전도사들에게 사례비를 나누어 주었건만, 자기에게 오는 사례금 200불 가운데 내가 100불을 가로채고 자기에게는 100불만 준다고 동네 방네 떠들고 다녔다. 하는 수 없이 나는 영락교회에 보조 내역을 증명하는 편지를 보내 달라고 했다. 영락교회에서는 나에게 내용을 영어로 적어서 보내주면 교회에서 거기 직인을 찍어서 보내겠다고 했다. 무엇보다 사실 자체가 분명하니 그리 해도 별 문제가 없겠다 생각했다. 그런 과정을 거쳐 받은 편지를 샐버라지에게 주었더니, 그 영어문장이 내가 쓴 거라면서 또 난리를 부렸다.

그러던 어느 날이었다. 자기 편에서 5명, 내 편에서 5명이 나와서 이야기를 하고 해결하자는 전갈이 왔다. 약속한 날 가보니, 그 사람 편에서는 무려 7명이 나왔고, 경찰까지 대동해서 나타났다. 나는 아무도 없어서 혼자 나갔더니 왜 혼자냐고 묻는다. 혼자가 아니라 하나님이 나와 함께 나왔노라고 했더니, 자기들에게는 하나님이 안 계시냐고 한다. 당연히 당신네들에게는 하나님이 안 계신다고 말했다. 어쨌거나 만났으니 이야기는 해야 했다.

말을 나누는 도중에 200불에 대한 이야기가 나왔다. 이야기가 시작되자 희한한 일이 벌어졌다. 그 쪽 사람 가운데 하나가 일어서서 말하는데, 문장이 선교사가 쓴 것이라 하더라도, 교회에서 직인을 찍어 확인해 주었으면 효력이 있다고 하는 것 아닌가. 생전 처음 보는 남의 편이 일을 바로잡아 이야기 한 것이다. 결국은 샐버라지가 미련한 짓을 한 것으로 결론이 났고, 그 일은 그가 우습게 되는 모양새로 일단락 되었다. 그렇긴 해도, 학교 부지 문제는 해결이 나질 않았다. 샐버라지가 대지를 넘길 수 없다고 말하더니만, 이후에도 계속해서 동네에 소란을 피우고 다녔다. 보다 못해 캡틴 토마스가 이 일에 대해 중재를 하고 나섰지만, 별 소용이 없었다.

사람들이 나서 중재를 해도, 이미 샐버라지는 학교부지와 다른 것들, 즉 버스며 여러 가지 물건들을 삼키려는 생각을 바꾸지 않았다. 일이 점점 더 커지고, 결국은 경찰서를 들락거리게 되어서, 나는 변호사에게 이 일을 상의했다. 변호사가 말하기를, 이건 민사 소송이라서 오래 걸리고 별 도리가 없으니, 차라리 부지에 들어가 자리를 차지하고 앉아 있으란다. 이제 공사를 시작했는데, 잘 곳도 없는 거기 어디에 들어가서 자리를 차지하고 있으란 말인가! 맨바닥에서 생활할 순 없는 건 아닌가?

이곳 인도에는 이상한 습관 내지는 문화가 있다. 어떤 사람이 전세로 집을 빌렸다고 하자. 집주인이 집을 내 달라고 해도, 세입자가 이사가지 않고 버티는 경우가 비일비재하다. 집 주인이 세입자를 고소해서 재판이 벌어져도 별 수가 없다. 판사가 세입자에게 왜 집을 비워주지 않느냐고 물으면, 흔히 다른 집을 구하는 중이라고 대답하면 그만이다. 판사가 집 주인에게 말하기를 "세입자가 지금 집을 구하는 중이니 기다리라"고 말하곤 더이상 조치하지 않는다는 걸 알기 때문이다. 세입자가 소송을

당해도, 집을 구하면 나간다고 하면서, 사는 곳을 비워주지 않으면 그게 마지막이다. 판사도 어쩔 수 없이 "집을 구한다고 하잖냐"고 말하는 걸로 정리하는 게 흔하다. 상황이 그러니, 나더러 학교 짓는 곳에 들어가 자리를 차지하고 앉아 있으란 거다.

어찌 해도 도무지 해결할 길이 없었다. 나는 그저 캡틴 토마스에게 의지하여 상의하는 것으로 위로를 받을 수밖에 없었다. 설상가상으로 몇 일 뒤에 나에게 견디기 힘든 어려운 일이 벌어졌다. 캡틴 토마스가 전출을 가게 된 것이었다. 다른 지방으로 전보 발령이 나서 일주일 안에 급하게 거처를 옮겨야 한다고 했다.

그가 전출가면, 나는 상의할 상대조차 없는 상태였다.. 남은 사람은 겨우 23살 먹은 건축자 가드윈 밖에 없었다. 이 경험없는 젊은이에게 무엇을 의논할 수 있을지 답답해졌다. 당시 나는 정말 어떻게 해야 할지 정말 몰랐다. 망망대해에 홀로 남겨진듯한 외로움과 두려움이 찾아왔다. 나는 막막함이 주는 공포에 사로잡혔다.

캡틴이 이사 가는 날이 왔다. 나는 그 사람 집 맞은편에 있는 바위에 걸터 앉아 이사짐이 옮겨지는 걸 보고만 있었다. 바위 위에서 나는 어디로 가야 하는지 길을 잃었다. 지금 깨닫지만, 그런 나를 보고 하나님이 얼마나 슬퍼하셨을까? 내가 너무 막막해하자, 하나님께서 내게 말씀하셨다.

"너는 날 믿는줄 알았는데, 지금까지 사람을 믿었냐? 왜 사람을 의지하며 슬퍼하느냐?"

와아, 정신이 번쩍 들었다. 결국 전적으로 하나님만 의지하고, 그분만을 바라보는 것이 해결 방법이었다. 생각 끝에 40일 금식기도를 드리면서 주님께 의지하기로 결정하고, 기도에 들어갔다. 더이상 사람을 생각하지 말고, 그냥 주님께 모든 걸 부탁하기로 했다. 가드윈과 함께 말씀을 묵상하면서 하나님만 바라봤다. 건물은 아직 건축중이었고, 비자가 만료되면, 인도에서 나가야 하는 상황이니 학교 부지에 들어가 살기도 어려웠다. 나는 정말 걱정이 되었다. 거의 매일 출근하다시피 하는 변호사 사무실에 어느 날 또 찾아갔다.

사무실에 앉아서 변호사와 이야기를 나누는데, 탁자에 놓인 시사 잡지 표지에 내가 아는 사람 얼굴이 보였다. 이 사람이 왜 잡지에 나왔냐고 묻자, 변호사가 그를 아느냐고 의아해한다. 조금 안다고 했더니, 그가 타밀나두의 내무부 장관이란다. 만일 그를 알면, 찾아가서 협조를 구하라고 조언했다. 지푸라기라도 있으면 잡을 판에, 이건 커다란 나무 둥치였다. 나는 서둘러서 가드윈과 함께 그를 만나러 마드라스(지금의 첸나이)에 갔다. 솔직히 말해서 그 사람과는 얼굴이나 익힌 사이일 뿐, 썩 잘아는 건 아니었다. 그를 잘 알지 못한다는 사실 때문에, 운전하면서도 적잖게 염려했다. 만일 그가 나를 모른다고 하면, 어쩔 것인가? 제발 좀 안다고 해주면 좋겠다고 생각했다. 가는 길이 온통 기도와 간구로 덮였다. 계속 주님께 간구하면서 이 일이 해결되길 간절히 소원했다.

이윽고 마드라스에 도착하여, 그의 사무실을 방문했다. 높은 지위에 있는 사람이기에 먼저 면접신청을 했다. 그분을 면접하려는 신청자들이

긴 줄을 이루고 있어서, 나와 가드윈도 뒤에 가서 줄을 섰다. 그런데 얼마 안되어서 내 이름을 부른다. 가보니 나더러 먼저 들어오라는 것 아닌가. 내심 기분이 너무 좋아서 들뜬 마음으로 면담실에 들어갔다. 내 걱정과는 달리 그분이 굉장히 반가워하시면서 이야기를 들어주었다.

이야기를 다 듣자, 그분이 이건 범죄행위라고 하면서 내가 있는 곳의 경찰국장에게 전화를 하는 것 아닌가. 국장에게 상세한 이야기를 하더니, 더구나 나를 좀 도와주라는 말까지 보탰다. 사실 나는 당시에 비자 만료 시기에 아주 가까워져 있었다. 샐버라지 목사는 내 비자가 곧 끝나가는 것을 알고 사달을 낸 것이기도 했다. 내가 나라를 떠나면, 비록 공사 중이라도 부지를 차지하고 들어가서 건물을 잡수시려는 속셈이었던 거다. 내친 김에 내무부 장관에게 비자에 대한 이야기를 했더니, 그분이 그것도 도와주었다. 당장 이민국에 전화를 해서, 밖으로 나가지 않고도 체류기간 6개월을 더 연장 받게 되었다.

어찌 된 일인지 말할 필요 조차 없었다. 이것이 하나님 손길이 아니라면, 도대체 무엇이란 말인가? 마드라스에서 모든 일을 마치고 크리시나기리로 돌아왔더니, 놀라운 일이 기다리고 있었다. 샐버라지 목사가 모든 것을 돌려주었고, 하다못해 사무실에서 쓰던 몽당 연필까지 돌려주었다고 한다. 샐버라지의 아내가 나를 선교사라고 고발하겠다며 온 동네에 큰소리로 소리치고 다녔기 때문에, 나는 마드라스로 가면서 당시 견습 선교사로 있던 박승현 전도사(현 광주 비아교회 담임목사)에게 당부까지 한 터였다.

모든 일을 마무리하고 마드라스에서 다시 집으로 가려고 출발하면서도 그분에게 연락했다. 혹시라도 거기 무슨 일이 생기면 어쩔까 싶어서였다. 경찰이 들이닥쳐도 놀라지 말고 오히려 의연하게 그들을 맞으라고 했었다. 크리시나기리에 돌아온 우리에게 박승현 전도사가 들려준 소식은 놀라웠다. 샐버라지가 다른 사람들 몰래 밤에 모든 것을 돌려주었다는 것이다. 낮에는 자기도 그러기가 부끄러웠던 모양이다. 모든 일이 내 생각을 넘어서 해결되었다. "살아계신 하나님을 찬양하며 주님만을 의지하라고 하신 주님, 이제부터 정말 주님만 의지하겠습니다." 다시 한 번 약속을 드렸다.

다섯 번째 금식 기도(역시 인도에서)

2007년에 마지막으로 다섯 번째 40일 금식기도를 했다. 지금 생각하면, 내 오만으로 시작한 금식이었다. 그래도 끝은 너무 좋았다. 사람이 무엇으로 시작하든지 하나님은 그걸 사용하신다는 걸, 다섯 번째 금식을 통해 깨달았다.

다섯 번째 금식 역시 인도에서 했는데, 이야길 시작하려면 북미 원주민 선교 경험을 먼저 살짝

번스레이크 원주민 선교

이야기해야 한다. 2000년부터 캐나다 북쪽에 있는 번스 레이크(Burns Lake)라는 곳에서 한동안 북미 원주민 선교를 했다. 밴쿠버에 있는 김명준 목사가(당시 중앙교회 담임) 그곳에 원주민 선교를 하러 같이 가자고 해서, 그때부터 사역이 시작되었다. 선교가 시작된 후, 2006년에는 그곳에 아예 들어가 3개월을 살면서 원주민에게 말씀을 전했다.

복음을 전하는 일이 어찌 쉽겠는가? 북미 원주민 선교도 겉에서 보면 어떨는지 몰라도, 실제론 전혀 만만하지 않았다. 여러 가지 힘든 일이 많았다. 그중에서 하나만 이야기해보자. 3개월 동안 그곳에 살러 가면서, 조카를 데리고 같이 들어갔다. 어느 날이던가, 눈이 내리는데 정신이 하나도 없었다. 그렇게 엄청난 눈은 처음이었다. 앞이 하나도 보이질 않아서 집 안에 틀어박혔는데, 설상가상으로 전기까지 끊어졌다. 전기가 나가는 바람에 냉장고와 텔레비전이 작동을 멈춘 것은 물론이고, 인터넷까지 먹통이 되었다. 눈이 무지막지하게 오니, 되는 일이 하나도 없었다. 하는 수 없이, 냉장고에 있던 음식을 모조리 꺼내서 눈 속에 박아놓았다. 상황이 이랬으니, 밥은 어떻게 되었을 것 같은가? 생각해보니 하나님이 우리가 굶지 않도록 '밥'에 확실하게 역사(?)하셨다. 눈 오기 전날, 조카가 쌀을 씻어놨는데, 손이 커서 그런지 가지고 있는 쌀을 몽땅 다 씻어서 적셔놨다. 그걸 보고 잔소리를 좀 했다. 쌀은 조금씩 씻어서 매 끼니마다 해먹는 게 훨 낫다고 말이다. 내 말을 조카가 들었는지 어쩐지, 그만 씻은 쌀 모두를 안쳐서 밥을 해버렸다. 그리곤 눈이 온 거다. 만일 조카가 내 잔소리를 듣고 밥을 조금만 했더라면, 둘이 쫄쫄 굶다가 어찌 됐을지 모르는 일이었다. 놀랍게도 조카 덕에, 아니 내 잔소리를 듣지 않도록 하신 하나님 덕분에 우리에겐 밥이 있었다. 할렐루야!

전기가 없으니까, 할 일이 너무 없었다. 해 뜨면 일어나고, 해 지면 잤다. 하나님께서 처음 만드신 아담과 하와도 이런 방법으로 살았겠다 싶었다. 그때까지 잠 줄이기를 시전하던 걸 그만두고, 밤에 실컷 자니 새벽에 일찍 일어나게 되었다. 이른 새벽에 깨서 기도하는데, 생전에 하나님과 대화하면서 그렇게 오랫동안 기도해본 건 그때가 처음이었다. 그 후로 지금까지 타의에 의해 그리 장시간 기도한 적이 없다. 눈과 정전 때문에 길고 깊은 기도가 가능했다.

우여곡절 끝에 번스 레이크(Burns Lake)에서 했던 사역을 마무리하고, 2007년 벽두에 다시 인도로 돌아갔다. 정초에 원래 선교지에 가보니, 할 일이 태산같았다. 그 중에는 복잡한 것도 상당히 많았다. 내 주 종목이 기도 밖에 없으니, 하나님 앞에 또 엎드렸다. "하나님 다시 한 번 번스 레이크(Burns Lake)에서처럼 그렇게 만나주세요" 외치며 기도했다. 그런데 정신을 차려보니 나도 모르게 마치 버릇처럼 "40일 금식할께요. 만나주세요" 라는 소릴 하고 있는게 아닌가? 아, 물론 기도 중에 드린 말씀이야 진심이었다. 하지만 또 금식이라니? 이건 미친 거 아닌가 싶었다. 지금까지 네 번이나 40일 금식을 했는데, 다시 하겠다고 주님께 말씀드렸으니 이게 뭐란 말인가? 기도를 마치고 나자, 투정하는 마음이 생겼다. "하나님 나를 데려가 주세요. 정말 이제는 살기 싫어요" 라는 기도가 저절로 나왔다. 힘들긴 했어도 기도하며 주님 앞에 앉았다. "기왕에 말씀드린 건 지켜야 하니, 40일 금식기도는 순종하는 마음으로 하겠습니다. 그렇지만, 그 기간 동안 나를 데려가 주세요" 하며 솔직한 마음을 털어놓았다. 힘든 건 사실 아니던가. 어쨌거나 이미 내뱉은 말을 안한 걸로 취소할 순 없었다. 얼마 지나지 않아서 주님과 한 약속을 지키기로 했다. 고난주간이 다가오고 있었다. 시기가 공교롭게도 잘 맞아떨어졌다. 막상 실행하기로 결심하자, 주님께서 나에게 말씀하셨다. "영자야, 너는 기도의 용사야. 용사는 싸우러 나갈 때 죽기 위해 나가는 게 아니고, 승리하러 가는 거야." 말씀을 듣는 순간 기운이 불쑥 올라왔다. 이젠 나이도 있고, 전에 하도 굶어서 고통을 잘 알지만, "다시 기운내서 승리하겠습니다. 주님만 함께 해 주옵소서" 라고 부르짖었다.

당시 선교지에서 해결해야 하는 문제는 어렵고 복잡한 게 많았다. 내 능력으로 해결하기에는 힘이 부쳤다. 이걸 어찌해야 할지 알지 못했는데, 놀랍게도 금식하며 기도하는 동안, 문제들을 그냥 잊어버렸다. 아니, 하나님이 그렇게 만드셨다. 잡념없이 기도에 집중할 수 있도록 하나님이 힘주셔서 결국 마지막까지 금식하며 승리했다.

40일 동안 곡기를 끊었지만, 주님과 나눈 깊은 교제가 나를 엄청나게 기쁘게 했다. 이런 결과를 가져온 원인이 무엇이었을까? "너는 용사야" 라는 주님의 말씀이 나를 지킨 힘이었다. 오로지 그 한 마디가 상급이고 응답이었다.

나는 지금까지 금식 기도를 여러 번 했다고 말하기가 부끄럽다. 물론 하나님이 나의 부족한 모습을 순종하는 것으로 인정해 주셨으니, 그것만으로도 기쁘고 감사하다. 한편으로 고백하는 것은, 그렇게 길게 금식하며 기도했어도, 정말 하고픈 대화를 주님과 나누지 못한 것 같단 사실이다. 언젠가 금식기도를 다시 해 볼 수 있을까? 내 나이 벌써 만 77세가 되었다. 나이와 상관없이 한 번 다시 금식해보면, 주님과 그런 깊은 대화를 나눌 수 있을지 가끔씩 생각하곤 한다.

4. 인도 선교

1) 인도로 들어가다

나는 1982년 7월 24일에 인도에 갔다. 그날 새벽 1시에 델리에 도착하여 비행기에서 내렸다. 냉방이 잘되는 시원한 비행기 안에 있다가, 땅으로 내려서기 위해 트랩 입구에 선 나는 깜짝 놀랐다. 인도의 대기를 마주한 첫 느낌이 마치 갑자기 찜질방에 들어간 것 같았기 때문이다.

인도에 도착한 후 내 입에서 나온 첫 마디는 "엄마야!" 였다. 비행기를 함께 타고 온 미국 선교사가 우연히 이 소리를 뒤에서 들었다. 그는 인도에서 선교사로 이미 25년을 지낸 분이었다. 그가 내게 그랬다. "여기가 네가 죽어야 할 곳이야." 이 말을 듣는 순간 심장에서 '쿵' 소리가 나며 뭔가 떨어지는 느낌이 났다. '그래 이곳이 내가 죽을 곳이로구나' 하는 생각을 실감하는 순간이었다.

그때는 공항에서 사람이 짐을 어깨에 메고 나오면, 거기서 내 짐을 찾던 시절이었다. 심지어 공항에도 거지가 즐비했다. 그랬던 시절 인도에 도착했던 밤이 지금도 기억에 선하다. 나는 그때 어떤 여교사가 이름 모를 섬마을로 발령받아 간듯한 기분이 들었다. 선교사가 되어 인도에 왔지만, 처음부터 모든 것이 익숙하게 돌아간 건 아니었다. 많은 기도제목을 만들어 기도했으며, 결심도 단단히 했지만, 아직까지도 겉으로 표현되지 않는 위선적인 긍휼이 내 속에 있었다.

그런 이율배반적인 생각을 지닌 한국인인 내가 인도와 결합되어, 선교지를 집으로 삼고, 인도 사람처럼 살게 된 과정은 필설로 형언하기 어렵다. 이루 말할 수 없는 치열한 내적 싸움이 있었다. 뿐만 아니라 하나님의 손길이 나를 아프게 다스리시는 과정을 겪으면서, 나는 점점 진짜 선교사가 되어갔다.

선교의 시작과 시행착오

마드라스(Madras/지금의 첸나이)에 처음 정착해서 타밀(Tamil)어를 배우기 시작했다. 마드라스는 인도 남동부에 있는 타밀나두(Tamil Nadu)주의 중요한 도시였다. 우선 마드라스 선교지에 있던 현지인 교회에 출석했다. 예배에 참석하면서 자연스럽게 내 존재가 인도 교인들에게 알려졌다. 한국에서 선교사가 왔다는 소식이 전해지자, 소위 현지 '전도사'라는 인도 사람이 말 그대로 구름처럼 모여들었다. 나는 경험이 없던 터라, 이들을 통해서 선교를 시작할 수밖에 없었다. 이들은 모두 불쌍한 표정을 잘 지었다. 기도할 때는 뜨겁게 울면서 열심히 기도했다. 나는 이런 겉모습을 대하면서, 그들이 성령 충만하다고 생각했다.

그들의 실제 모습은 어땠을까? 안타깝게도 그건 내 바람과 아주 많이 달랐다. 그들은 이미 전부터 여러 선교사를 대한 경험이 충만(?)했다. 어떻게 해야 선교사를 잘 다룰 수 있는지 익숙하게 알았고, 선교사의 어떤 감성을 건드려야 잘 속아 넘어가는지도 학습을 통해 충분히 체득한 상태였다.

나는 그들을 보면서 처음에는 나름대로 선교사답게 생각하려고 노력했다. 그 사람들이 불쌍했을뿐 아니라, 그들을 통해 현지에 복음을 증거하고 싶은 마음이 강하게 용솟음쳤기 때문이다. 현지 전도사들과 함께 깊은 시골길을 다니며 사람을 모으고 복음을 전했다. 말이 잘 통하지 않으니 전도사들이 통역했는데, 나중에 보니 내가 한 말과 그들이 옮긴 말이 아주 달랐다. 영어가 되지 않는 지방일수록 더 주의 했어야 하는데, 그들을 불쌍히 여기는 마음이 앞서는 바람에 그게 잘 되지 않았다. 실망스런 부분이 있긴 했지만, 나는 그후에도 전도사들에게 가까이 다가서서 그들을 도울 길을 찾느라고 애를 많이 썼다.

이런 사역이 계속되면서 나는 마침내 한 가지 사실을 깊이 깨달았다. 내가 한 것이 하나님의 사역이 아니라, 나의 일에 불과했다는 사실을 나중에야 알게 된 것이다. 하나님께 온전히 기도해서 그 분의 뜻을 구하기 전에, 내 감정으로 하나님의 일이라고 판단하고 추측해서 결정한 일이 많았다. 그러니 그것은 주님의 일이 아닌 모두 내 일이었던 것이다. 지금 생각하면, 왜 그렇게도 급하게 사역을 진행했나 싶다. 빨리 선교를 시작해야 한다는 다급한 마음이 내게 가득했다. 선교지 사람들이 헐벗고 가난하다고 생각한 나머지, 그들을 불쌍히 여기는 마음이 컸다. 그들을 도와주고 싶었지만, 그건 솔직히 내 생각이었다. 그런 와중에 행한 내 뜻과 일을 하나님 생각이라고 오해했다. 나는 이것이 큰 시행착오였음을 정직하게 고백한다. 하나님의 영광보다는 내 선교가 가져다 줄 결과에 더 급급했던 것을 고백한다. 나에게 선교 보고를 하라는 사람은 없었지만, 파송한 교회에 무엇인가 보여주려는 마음이 있었음도 고백한다. 이것이 잘못되었다는 것을 깨달았을 때는, 참 멀리 와 있었고 돌이킬 수 없는 상황이 되어버린 일도 있었다. 생각해보면, 나는 기도가 부족했다. 하나님의 음성을 듣는 일에 너무 둔감했다.

그 당시(1980년대) 인도에는 철저한 계급제도의 틀이 있었다. 거기다 하늘을 찌르듯 높이 쌓인 그들의 가난도 날카롭게 내 피부에 와서 닿았다. 글과 함께 성경을 가르친다면서 문맹 퇴치 선교를 들고 인도에 들어왔지만, 현지의 이런 상황 때문에 문맹 퇴치 선교가 제대로 이뤄지기 힘들었다. 현지에 들어와 선교를 하면서, 비로소 현실을 깨달았다. 인도에서 문맹인은 거의 가난하고 낮은 계급의 사람이었다. 계급이 낮은 사람은 아무리 공부해도 계급을 넘어 위로 올라가거나, 더 잘 될 수 있는 가능성이 전혀 없었다. 상황이 이러니, 계급이 낮은 사람에게는 글을 배우려는 동기가 전혀 없는 게 당연했다. 이런 현실 앞에서 문맹 퇴치 선교는 실패할 수밖에 없었다.

새롭게 일을 시작하다

선교하면서 많이 실수하고 일에 착오가 있다는 것을 알게 되자, 더 많이 기도했다. 주님의 음성을 듣는 일에 민감할 필요가 있었기 때문이다. 나는 진실로 애써 기도했다. 이런 중에도 여러 선교지를 돌아다니며, 선교의 가능성을 찾으려는 노력을 계속했다. 시골 길을 다니다 보니, 학교를 가지 못하는 아이들이 의외로 많았다. 하나님께서 아이들을 진실로 긍휼히 여기는 마음을 내게 허락하셨다. 위선적인 긍휼이 아닌 마음의 진심으로부터 우러나오는 참 긍휼이었다. 주님께서 비로소 내게 응답하셨다.

그곳에서 함께 교제하던 분들 가운데 나중에 CSI(Church of South India)교단의 감독(bishop)이 되신 윌리엄 모제스(William Moses)목사님이 있었다. 내가 안타까워하는 것을 보고, 이분이 어린이 선교를 하면 어떻겠냐고 제의했다. 모제스 목사님은 말뿐이 아닌, 실제로 사역을 시작할 수 있도록, 행정적인 여건을 살펴봐 주고, 집을 구하는 일까지 도와주었다. 이런 도움에 힘입어서 나는 아이들을 모으고, 어린이집을 마련할 수 있었다. 이어서 아이들과 함께 살면서, 그들을 학교에 보내는 일을 하게 되었다. 아이들이 글을 배우고, 거기에 바탕해서 예수님을 배우는 것이 선교에 가장 가까운 길이라고 생각했기 때문이다. 이렇게 되자, 원래 내가 생각했던 문맹 퇴치 선교가 저절로 이뤄지고, 예수님도 전할 수 있게 되었다. 뿐만 아니라 음식을 함께 나눠 먹게 되니, 모든 것이 다 좋은듯 했다.

왼쪽부터 나, 감리교 신학교 책임자 에스더 여사, 사범대 총장 사로지니 여사

내가 인도에 간 이유와 목적은 예수님을 증거하여 많은 사람이 구원받게 하려 하는 데 있었다. 내가 한 모든 일과 사역은 이런 목적을 이루기 위한 것일 뿐이었다. 분명히 말하건대, 선교에서는 수단을 성공적으로 이루어 나가는 것이 결코 목적일 수 없다. 그리스도의 생명이 없다면, 아무리 방법적으로 성공을 거둔다 해도 모든 것이 죽은 행실에 불과하기 때문이다.

어린이집을 운영하면서 아이들을 근처 학교에 보냈다. 아이들은 내 말을 잘 따라주었고, 예수님을 믿고, 찬양하며, 기도하고, 말씀도 열심히 배웠다. 그렇긴 해도 모든 것이 만족스럽진 않았다. 왜냐하면, 아이들이 학교에 가면 힌두교 신들을 어쩔 수 없이 섬기게 되고, 오가는 길에서 나쁜 행동을 했기 때문이다. 이런 상황을 인지하자, 단순히 어린이집을 운영하는 것만으로 선교가 되는 건 아니란 생각이 들었다.

다시 하나님의 생각을 들을 필요가 있었다. 나는 죽기 살기로 기도했다. 아이들에게 예수님만 전할 수 있다면 뭐든 좋았다. 그게 바로 나의 소원이었다. 그들이 온전히 그리스도의 사람이 되는 것 외에는 바람이 없었기 때문에, 하나님께 그걸 가능하게 해달라고 여쭈었다. 하나님은 길을 여셨다. 마침내 학교 사역을 시작하게 된 것이다. 우리 학교 교정에서 말씀을 배우고, 기도하며, 하나님 앞에 설 수 있도록 하면, 아이들이 온전하게 자라겠단 생각이 들었다. 그들이 제대로 성장해서 바른 생각으로 판단하면 좋겠다고 소망했다. 그들이 인도의 힌두교 문화에 습관적으로 물들기 전에, 예수님의 문화 안에서 살도록 만들어야겠다는 판단이 학교를 세우는 일로 이어졌다.

선교 계획은 없다

나는 선교에 대한 예비 지식이 없었다. 외국과 관련한 정보를 잘 듣지 못하는 시절에 살던 내가 선교에 뛰어든 건 제법 무리한 면이 있었다. 약 40여년 전의 한국은 여권도 잘 나오지 않는 나라였다. 그 시대를 살던 내가 바깥 세상에 관해 무엇을 알 수 있었을까? 그냥 성경에서 이렇게 선교 했다는 걸 공부했고, 우리 나라에 온 선교사의 이야기를 조금 들은게 다였다. 구체적인 선교사 훈련을 받은 적이 없었을 뿐 아니라, 타문화에 관한 지식도 그리 많지 않은 것이 당연했다. 문맹을 퇴치하는 선교를 해야 한다는 이야기를 듣고서는, 그게 전부인 줄로만 알았다. 이런 상황에서 선교사가 되었으니, 사역을 하면서 시행착오를 겪을 수밖에 없었다. 앞으로 다른 나라에 선교하러 가는 분들은 이런 시행착오를 겪지 않기를 바란다. 책을 쓰는 이유도 후배 선교사들이 이런 면에서 조금이라도 도움을 얻기를 바라는 마음이 있기 때문이다.

선교사가 선교에 관해 어떤 고정 관념과 계획을 가지고 현장에 가는 것은 당연하다. 그렇다고 해도 현실을 확인하고, 환경과 조건이 다르다는 사실을 인식하면 달라져야 한다. 여건에 따라 생각이 조금 바뀌어도 별 문제가 없다고 생각한다. 선교는 살아있다. 현장도 살아있다. 살아있는 건 움직이고 변화한다. 선교지의 필요에 따라 많은 일이 새로이 생기는 건 당연하다. 일을 잘 진행하다가도, 중간에 어려움이 있어서 시행한 일을 수정하거나 보완하는 경우도 있을 수 있다.

선교가 살아있는 생물 같단 사실을 인식하게 되니, 나는 고정관념을 버릴 수 있었다. 내 생각이 아니라, 오로지 하나님의 방법에 모든 것을 맞춰 나가야 한다는 걸 깨달았다. 뒤늦게나마, 하나님의 전략과 방법으로 선교할 필요가 있다는 것을 알게 되었다.

어떤 방법으로, 무슨 일을 하든지 예수 그리스도를 증거하여 구원에 이르게 하는 목적에 사역의 중심이 잡혀있으면, 나머지는 큰 문제가 없다. 기회가 닿을 때마다 매번 새롭게 보완하고 하나님의 뜻과 어긋나지 않도록 기도하며 일하면 된다. 그것이 정말 중요하다. 내가 내 일을 하는 것이 아니기 때문에, 하나님의 뜻을 따라 순종하는 것을 우선해야 한다.

이야기를 이어가보자. 어린이집 즉 고아원 같은 곳을 운영하는 형태로 선교를 시작했지만, 아이들에게 예수님을 알아듣도록 전하기에는 모자란 게 많았다. 힌두교가 여전히 아이들 핏속에 흐르고 있었기 때문이다. 신은 많을수록 좋다는 믿음을 아이들이 갖고 있는데, 여기에 기독교를 심는 일은 정말 어려웠다. 오직 예수님으로만 구원 받는다는 것과, 정직하게 삶을 살아야 하고, 그런 삶을 예수님 앞에서 행해야 한다는 가르침은 아이들에게 완전 동화 같은 이야기에 불과했다.

  살다보면, 이것 저것이 필요해서 가정에서 새것을 구입하고 헌것은 버리기도 한다. 선교 역시 마찬가지다. 나는 문맹 퇴치 선교를 위해 인도에 들어왔지만, 그것이 사회 여건과 조화를 이루지 못한다는 사실을 깨달았다. 원래 품었던 방법만을 고집하는 것은 예수님을 증거하는 일에 있어서, 너무 멀리 돌아가는 길이었다. 생각 끝에 기도하면서 길을 돌려 다른 것으로 수단을 삼아 예수님을 증거하기로 했다. 생각에 생각을 거듭했다.

  생각 끝에 근거지를 옮겨서 4살 미만 아이들만 따로 모았다. 아직 힌두교가 마음에 배지 않은 아이들을 모아 예수 그리스도의 문화로 키워야겠다는 생각을 했기 때문이다. 그런 이유로 또 다른 어린이집을 시작했다. 함께 살던 4살짜리 아이들이 유치원에 가게 됐을 때, 나는 비로소 제대로 된 학교를 시작할 수 있었다. 처음에는 유치원 과정부터 시작했지만, 한 단계씩 성장을 거듭해서 지금은 12학년까지 전과정을 갖춘 온전한 학교가 되었다.

  학교를 시작하고 나름 열심히 일했지만, 학교에서 조례 시간에 몇 마디 예수님에 대해 말하는 것으로는 부족했다. 보다 더 많이 그리고 확실하게 예수님을 전하기 위해서, 나는 밤낮으로 아이들과 함께 살면서 삶을 나누는 어린이집과 기숙사를 운영하기 시작했다. 거기 들어온 아이들과는 24시간 함께 살았기 때문에, 함께 삶을 삶을 나누는 가정을 만드는 게 가능했다. 나는 지금도 아이들과 함께 살면서 예수님을 전한다. 함께 성경을 공부하면서, 그들을 하나님 앞에 세워간다. 아이들이 성령으로 거듭날 때까지 그들과 생활하며 기도하며 같이 말씀 안으로 들어간다.

지금은 이렇게 사역하는 것이 만족스럽고 감사하다. 하지만, 앞으로 사역하는 중에 더 좋은 일이 얼마든지 생각날 수 있다. 하나님의 인도하심을 간구하다가 그분이 뜻을 보여주시고 인도하시면, 또 다른 사역도 만들어 나갈 수 있다고 믿는다.

2) 어린이집 선교

나의 선교는 시작부터 시행착오로 점철되었다. 외국을 잘 몰랐고, 현지의 문화와 구체적인 상황을 잘 알지 못했기 때문이다. 초기에는 그런 것을 알아보려는 시도조차 하지 못했다. 더구나 인도의 계급제도에 관해서 무지했기 때문에, 시행착오를 할 수밖에 없었다. 2000년대에 들어서 계급에 집착하는 사회적 제도가 많이 무너졌지만, 80년대에는 계급 문화가 너무 확고하게 이들 틈에 자리했다. 이런 상황에서는, 글을 배우는 동기 조차 당사자에게 유발되지 않았다. 심지어 부모들 역시 아이들을 반드시 학교에 보내야 한다고 생각하지 않았다. 특히 낮은 계급이나 가난한 사람들은 아이를 공부시키는 것을 하늘의 구름잡는 일과 비슷하게 생각했다. 공부를 한다고 해서, 계급을 넘어설 수 없음을 이들이 뼈저리게 느끼고 있었기 때문이다. 이런 사람들이 떼지어 사는 시골에 교회를 개척하고, 그들을 모아 배워야 하는 필요성을 아무리 강조

해도, 사람들은 그 뜻이 무엇인지 잘 이해하지 못했다. 선교와 교육을 하려면, 뭔가 이들이 들어갈 만한 다른 문이 필요했다. 결국 생각한 것이 이들에게 먼저 밥을 먹여주면 어떨까 하는 것이었다. 배고픔을 먼저 해결하는 건, 선교의 문을 여는 것임과 동시에, 가난 문제 역시 개선할 수 있다는 장점이 있었다.

이로드 어린이집과 아이들

이로드라는 곳에서 39명의 남자 아이들(1학년-5학년 나이의 아이들)을 모아 한 집에서 살기 시작했다. 아이들을 학교에 보내기도 하고, 집에서는 예수님을 전하는 일을 시작했다. 학교 간다는 것이 어떤 아이들에게는 즐거운 일이고 어떤 아이들에게는 귀찮은 일이다. 어떻든지 학교에 가서 공부해야 하는 이유를 자꾸 설명했다. 그들이 스스로 계급에 얽매이지 않도록 하나님이 사람을 창조하신 목적을 이야기하려 애썼다. 집에서 성경을 가르칠 때는 하나님이 우리를 똑같이 창조하셨다는 것을 강조했다. 물론 아이들이 취학 연령에 해당했으니, 낮에는 꼭 학교에 보냈다. 우리 집 별명이 동네에서 '무데이 마크'였다. 뜻은, 달

걀 마크 0점짜리 아이들이 모여 있는 집이란 뜻이었다. 아이들이 공부를 잘 하지 못했단 이야기다. 그럼에도 불구하고 그들에게 공부를 시키는 일을 게을리하지 않았다. 학습능력이 떨어지는 아이들에게는 과외 선생을 붙여서라도 공부하게 했다. 그걸 잘 따라 가는 아이들이 신나서 공부를 하자, 공부에 관심없던 다른 아이들도 열심히 따라가려고 애쓰게 되었다.

이런 일을 시작한지 5년이 지나자, 아이들이 커가면서 한편으로 머리가 좀 트였다. 어떤 의미에서는 그때부터 진짜 공부가 시작되었다. 나의 목표는 그들이 공부를 배우고, 그 능력으로 말씀을 배우는 것이었다. 말씀을 배워서 이들이 예수 그리스도를 알면 목적이 성취되는 거였다.

저녁마다 말씀을 공부하며, 함께 예배드린 결과, 아이들이 예수님을 잘 믿고 있다고 생각했다. 하지만 그것은 오해였다. 아이들이 집에서는 성경을 읽지만, 학교에 가서는 힌두교 신들을 예배한다는 사실을 알게 됐다. 인도 사람의 종교성은 너무 좋다.

문제는 그들이 신이 있다는 것은 믿지만, 모든 신은 하나이며, 신들이 많으면 많을수록 좋다고 생각한다는 데에 있다. 예수님을 믿어도 그분 역시 또 하나의 능력 있는 신으로 간주할 뿐이라는 것을 알게 되었다. 참으로 실망스럽긴 했지만, 아이들이 잘 자라줬고, 오직 예수님만으로 구원받을 수 있다는 말을 긍정하려는 모습이라도 보이니 감사했다. 지금 아이들은 이제 어른이 되어서 우리 시골 교회를 섬기는 교인이 되었고, 두 아이는 전도사가 되어서 교회를 섬긴다.

사역은 하나에서 멈추지 않았다. 다른 장소에서 다시 어린이집을 시작했다. 언급한 것처럼, 처음에 남자 아이를 위해 어린이집을 시작한 곳은 이로드라는 곳이었는데, 아이들이 다 장성했다. 나는 여기서 멀리 떨어진 시골 크리시나기리에서 어린이집을 다시 시작하기로 했다. 새로운 장소를 물색하면서 하나님께 기도했다. 두 가지 조건이 있었다. 첫째, 기독교인들이 거의 없는 곳, 둘째, 가난한 사람들이 사는 곳이어야 한다는 조건이다. 그렇게 기도하며 선택한 곳이 무슬림이 주로 사는 가난한 깡촌 크리시나기리였다.

크리시나기리에서 4살 미만 아이들을 모집했다. 시골 교회에 출석하는 아이들도 모았지만, 병원에서 버렸거나, 거리에 방기된 아이들도 함께 불러서 어린이집을 시작을 했다. 어려서 아직 힌두교 문화에 물들지 않은 아이들이었다. 아이들이 다른 학교에 가면, 똑같이 그곳에서 힌두교 신을 섬겨야 한다. 나는 그게 싫어서 직접 유치원을 열었다. 유치원을 운영하기 위해서 집을 전세로 얻었다. 그 집에서 자그마하게 시작했는데, 시간이 흐르면서 아이들이 많아졌다. 세월이 지나서, 유치원 학생이던 아이들이 3학년이나 되었다. 장소가 비좁아져서 셋집에서는 더 이상 학교를 할 수가 없었다. 어쩔 수 없이 대지를 구입해 코코넛 잎을 얹은 집이라도 만들어서 학교를 옮겨야 했다.

그 때 처음 가드윈(Godwyn)씨를 만났다. 지금은 나이 오십의 중년이지만, 그때는 막 대학교 건축과를 졸업한 학생이었다. 그는 그때로부터 무려 25년간 학교의 행정을 맡아 댓가도 받지 않고 하나님에게 헌신

하는 삶을 살아왔다. 어쨌거나 기독교를 믿는 청년이라고 소개를 받았다. 그에게 내 사정을 이야기 했더니, 코코넛 집을 지으면 매년 다시 지어야 하니 차라리 그 돈으로 기초를 닦고 돈이 생기는 대로 건축을 해보자는 역제안이 돌아왔다. 가드윈의 제안으로 무모해 보이는 건축을 시작했다. 그것도 무려 학교 건물과 어린이집을 동시에 건축하기로 한 것이다. 아무런 재정적인 계획이 없었지만, 하나님이 주실 줄 믿고 하자는 생각에 배짱이 맞았다. 건축 재정이야 어떻든지, 다행히 학교는 그런대로 돌아갔다. 학생 수가 늘었고, 나름 학교의 모습을 조금씩 갖추어 갔다.

하나님께서 어린이집에 행하신 일들은 이루 말할 수 없이 많다. 기도에 응답하신 일과 감사가 넘치는 것이 많지만, 그중에서 몇 가지만 기록해 본다.

학교를 하다 보니 아이들을 훈육해야 할 때가 있었다. 나는 아무렇게나 원칙없이 아이들을 혼낼 수 없었다. 아이들에게 항상 무얼 잘못했는지 먼저 말하라고 했다. 아이가 잘못한 내용을 말하면, 스스로 어떤 체벌을 원하는지 묻는다. 매를 맞겠다고 하면, 본인이 몇 대나 맞아야 하는지 정하게 했다. 하루는 조셉이라는 남자 아이가 말썽을 부려서 야단을 쳤다. 잘못을 말하게 하고 매를 들었다. 오래 전 일이라, 아이가 몇 대 맞겠다고 했는진 기억에 없다. 하여간 종아리에 자국이 나게 맞은 건 선명하게 기억난다. 아마도 녀석이 꽤나 많이 맞겠다고 자원한 모양이었다. 그날 밤에 조셉의 일을 생각하니 도저히 잠이 오지 않았다. 결국은 그의 방에 가서, 자는 아이 종아리를 붙잡고 하나님이 위로해주시라고 간절히 기도했다. 참으로 놀라운건, 아이가 그때부터 달라지기 시작한 것이다. 나중에 12학년까지 올라가서 졸업을 했다. 졸업식을 마치고 나갈 때가 되자, 아이가 내게 편지 한 장을 건넸다. 내용을 보니 감동 자체였다. 종아리를 맞은 그날 밤에 솔직히 자기는 잠들지 않았단다. 눈을 감고 있었을 뿐인데, 자기가 잠든 줄로 착각한 내가 그를 위해 기도하는 소리를 듣고 눈물을 참느라 애썼단다. 그날 받은 사랑으로 인해서 그때부터 정말 새롭게 살기로 하나님과 약속했노라고 한다. 편지 내용이 너무나 감사했다. 주님의 은혜가 아이의 평생 동안 함께 하기를 바라며 기도한다.

셀비라는 아이가 있었다. 얼마나 공부를 열심히 하는지 모두 감탄했다. 공부는 열심히 하지만, 참으로 이상하게 시험만 치면 아이가 거의 0점에 가까운 점수를 받는 것이었다. 분명히 엄청나게 노력하는데, 학교 시험에서는 그만큼 결과가 나오질 않았다. 이해하기 힘들었다. 학교에서는 셀비 때문에 몇년 동안 매일 저녁 9시 30분부터 30분간 12학년 학생이 치를 국가 시험을 위해 특별 기도회까지 가졌다. 기도를 열심히 하면서도, 나는 솔직이 셀비가 시험에 합격할 것이라고 기대하지 못했다. 내 믿음이 너무 부족했는지는 모르겠지만, 그만큼 점수가 기대에 못미쳤다. 하여간 열심히 기도하고 공부는 하는데, 학교에서 시험을 치면 아주 좋다고 해도 평균이 10점 정도였으니 말이다.

드디어 국가 시험을 칠 때가 다가왔다. 셀비도 다른 학생들과 어울려 시험을 쳤다. 시험에 임하는 아이를 바라보면서, 내 믿음은 거의 땅바닥을 쳤다. 좋은 결과를 기대하기 힘들었기 때문이다. 시험 결과가 나왔다. 어땠을 것 같은가? 그동안 살면서 세상에 이런 일을 경험한 적이 없었다. 셀비가 그만 좋은 성적으로 시험에 합격한 것이다. 이건 도저히 말로 설명하기 힘들었다. 이렇게 희한한 일이 생기다니… 믿어지지 않았다. 그 아이가 좋은 성적으로 시험에 합격할 줄은 아무도 예상하지 못했다. 하나님의 역사는 정말로 크다. 학교에 속한 모든 사람이 하나님의 놀라운 역사를 찬양하고 감사했다. 이후로부터 셀비에 관한 이야기는 우리 어린이집에 일어난 기적의 역사가 되어 전수되었다. 국가 시험을 위해 공부하는 아이들에게는 이게 일종의 전설처럼 회자되곤 했다.

기적은 숱하게 일어났다. 어린이집의 또 다른 기적인 안줄라(Anjula)를 소개한다. 태어난지 3주 밖에 되지 않은 핏덩이 안줄라가 우리 집에 들어왔다. 안줄라는 살아서 우리 집에 온 것만

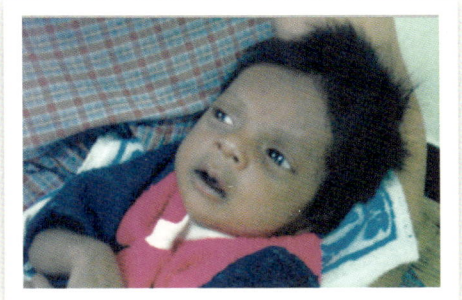

2003년 안줄라 입소 첫날과 건강히 자란 안줄라

해도 기적이지만, 생각해 보면 성장 과정도 기적에 가깝다.

그녀는 2003년 2월 8일 생이다. 인도에서는 딸을 많이 낳으면 집안이 어려워진다. 왜냐하면 '다우리'(지참금)로 지불하는 비용이 엄청나게 늘어나기 때문이다. 안줄라는 집안의 넷째 딸이었다. 무슨 이야긴지 짐작이 갈 것이다. 그녀 엄마가 친정으로 해산하러 가서 안줄라를 낳았다. 졸지에 딸이 넷이 되자, 그녀의 아버지가 화가 나서 엄마를 발길로 찼다. 참으로 속상하게 그런 이유로 엄마가 세상을 떠나고 말았다. 비극은 계속되었다. 일이 이렇게 되자 당황한 아버지가 그만 자살을 해버렸다. 이걸 본 외삼촌이 아이를 없애려 했다. 안줄라 때문에 부모가 죽었다며, 밖으로 볍씨를 하나 구하러 나갔다. 참으로 안타깝고 무지한 일이긴 하지만, 당시 시골에서는 입에 볍씨를 넣고 우유를 먹여 질식하게 하는 방법으로 여자 아이들을 죽이곤 했다. 외삼촌이 볍씨를 구하러 간 사이에 그녀의 외숙모가 아이를 데리고 우리 집으로 도망쳐 왔다. 안줄라는 그렇게 구사일생으로 목숨을 건져 내 품에 안겼다.

그녀는 집에 온 후로 집안의 마스코트 같은 존재가 되었다. 사람들이 아이를 얼마나 이뻐하고 귀여워했는지 모른다. 견습 선교사들도 아이가 예쁘니, 어린 녀석을 물고 빨며 애정 표현을 아끼지 않았다.

아이가 성장하면서, 내가 직접 데리고 다니며 일일이 모든 걸 가르쳤다. 계단을 오르면서는 원, 투, 쓰리 해가며 숫자를 알려줬다. 나무 잎사귀를 보면, 색깔을 가르쳤다. 좀 이상한 건, 아이가 곧잘 따라 하긴 했는데, 가르친 걸 외운 줄 알고 물어보면 얼굴만 빤히 쳐다보면서 말이 없었다.

안줄라는 점점 자랐다. 많이 커서 유치원에 갔고 학년이 올라갔다. 문제는 위로 학년이 올라갈수록 학업성취도가 떨어졌다. 아이에게 들인 노력이 있으니, 실망이 컸다. 내가 무엇을 잘못 가르친 건지, 아니면 머리가 원래 좋지 않은 아이인지, 알 수가 없었다. 아이는 또래와 달리 말도 제대로 하지 못했다. 이건 문제가 심각했다. 병원을 찾아다니며 아이가 말을 잘 못한다고 여러 번 의사와 상담도 했다. 의사들은 늦게 되는 아이들도 있으니 염려 말라고 하곤 그만이었다. 제법 유명하다는 의사들을 찾아 다녔지만, 그들이 하는 말은 다 비슷했다.

안줄라가 6학년이 되었을 때다. 내 동생이며 이곳에서 선교를 돕는 김유찬 목사가 안줄라를 눈여겨 봤다. 유심히 그녀를 관찰하던 김 목사는 아이의 귀를 조사하기로 했다. 결국 아이의 귀에 문제가 있음을 알아냈다. 안줄라는 귀에 문제가 있어서 말을 알아듣지 못했다. 그러니 말도 제대로 하기 힘들었고, 공부도 제대로 하지 못했다. 아마 나를 빤히 쳐다 봤던 건, 입술을 보면서 어느 정도 말뜻을 파악하느라 그랬던 듯했다. 다행히도 완전히 귀가 어두운 것이 아니어서, 말을 더듬거리며 익힐 수는 있었다. 그렇긴 하지만, 아무래도 말과 발음이 우둔할 수밖에 없었다. 아이를 보다 못해 큰 돈을 들여 보청기를 해줬다. 안줄라는 그게 창피했는지, 보청기를 잘 착용하지 않았다. 내가 달리 할 수 있는 일이 없었다. 나는 그저 하나님께 아이 귀를 열어달라고 간청했고, 틈만 나면 조금이라도 더 가르치려고 안줄라에게 매달렸다.

2017년 2월이었다. 한국 용문에 있는 여교역자 안식관에서 임용희 전도사와 이화자 목사 두분이 인도를 방문했다. 이분들이 안줄라를 보고 안타까워서 어떤 한의사에게 자문을 구했다. 그분이 이야기를 듣고 인도로 약을 보내주었다. 놀라운 일이 생겼다. 약을 먹으면서, 안줄라의 귀가 밝아지기 시작한 것이다. 정말 기적처럼 지금은 그녀의 귀가 완전해졌다. 물론 핏덩이 시절부터 아이를 키운 나는 거기서 만족할 수 없었다. 10학년에 치르는 국가고시에 아이가 합격하는 것을 봐야 마음이 놓일 것 같았다.

  문제는 저학년 시절에 제대로 공부를 못해서, 10학년에 치러야 하는 국가 고시를 감당할 실력이 없다는 점이었다. 그대로는 실패할 것이 뻔해서, 9학년 공부를 한 번 더 하라고 했더니, 안줄라는 단호하게 고개를 저었다. 공부를 열심히 해서 시험을 치겠다고 했다. 그녀는 자신있어 했지만, 정작 나는 자신이 없었다. 또 한 번 믿음을 시험하는 상황이 찾아왔다. 아이가 원하니 어쩌질 못했다. 그냥 10학년에 가서 공부하라고 하고, 함께 기도하기 시작했다. 우여곡절 끝에 안줄라는 그 해 10학년 국가고시를 치렀다. 여기서도 한 번 묻고 싶다. 결과가 어찌 되었을 것 같은가? 또 한 번 놀랍게도, 안줄라는 모든 과목을 통과하고 합격했다. 긴 말 할 것이 없었다. 이것은 기적이었다. 하나님 아니면, 대체 누가 이걸 할 수 있겠는가?

  안줄라는 지금 어엿한 처녀가 되어간다. 얼굴도 얼마나 예쁜지 모른다. 아이가 어렸을 때부터 데리고 다니며 길렀으니, 눈에 넣어도 아프지 않을 정도로 사랑스럽다. 아이는 내게 아픈 손가락 같다. 귀가 좋지 않은 걸 일찍 발견하지 못했다는 자책 아닌 자책이 있는 까닭이다. 나이가 그런지라 뭔가 화려한 것에 이끌리는 모습을 보면 마음이 철렁하기도 한다. 안줄라는 정말 내 딸이기 때문이다. 그녀가 진실로 훌륭한 어른이 되기를 바라는 마음이 간절하다.

어쨌거나 결과를 봐야만 하나님을 찬양하고 믿음이 있는 것처럼 행동하는 나의 모습이 한심하다. 지금까지 이루어진 일을 보면, 앞으로 어떨지 믿음으로 알아야 하는 것 아니겠는가. 하나님이 지금껏 하신 일을 보면서, 앞날도 그리 하실 것을 믿고 찬양한다.

3) 학교(Trinity Matric School) 선교
우물을 파다

선교 현장에서 하나님이 하신 일들은 너무 놀랍다. 하루 하루 생기는 일마다 전부 소중한 간증거리다. 학교를 지을 때 이야기를 한 번 해 보자. 학교 건물을 세우려고 하는데, 우리가 가진 땅에는 건물에 필요한 것이 하나도 설치되어 있지 않았다. 필요한 공공시설(utility)들은 모두 새로 신청해서 끌어와야 했다. 심지어 우물조차 우리 힘으로 파야 했다. 할 일은 엄청나게 많은데, 실제로 할 수 있는 방법이 별반 없었다. 누군가에게 부탁하려 하면, 우선 내미는 손부터 쳐다봐야 했다. 돈을 달라는 것이다. 이럴 때마다 우리는 하나님께 기도했다. 너무 가진 게 없어서 힘든 상황이 반복되었지만, 하나님은 결국 모든 것을 바꿔서 복이 되게 하셨다.

1995년 박승현 전도사(현 광주 비아교회 담임목사)가 막 결혼을 하고 신혼 여행 겸 우리 선교지에 견습 선교사로 왔다. 박 전도사는 말하자면, 선교지의 첫 번째 견습 선교사였다. 우리는 힘을 합해 함께 학교를 건축했는데, 부족한 것 투성이었다. 특히 절대적으로 필요한 물이 없었다. 나는 박승현 전도사 부부와 힘을 합해서 새벽마다 기도하며 부르짖었다. 학교 부지를 여리고 성 돌듯이 하면서, 물줄기를 거기 모아달라고 기도했다. 이런 날이 흐르던 중에, 어쩌다 물줄기를 찾는 사람과 선이 닿았다. 그에게 학교 부지 수맥을 봐달라고 부탁했다. 그의 말이 물줄기가 땅 밑에 있기는 한데, 그저 졸졸 흐르는 정도라서, 아주 시원치 않다고 하는 게 아닌가.

내친 김에 그거라도 있으면, 없는 것 보단 훨씬 낫겠다 싶어서 우물을 파기 시작했다. 땅을 파내려 가는데, 아니 거기서 커다란 바위가 나오는 것 아닌가. 그걸 뚫고 계속해서 밑으로 파내려 가려면, 큰 돈이 드는 건 자명했다. 어떻게 하던지 우물을 파야하는 판국이니, 거기서 멈출 순 없었다. 하나님이 어떻게 하시겠지 생각하고 기도하면서 우물 공사를 마쳤다. 이쯤 되면, 파놓은 우물에서 물

어린이집의 우물

이 콸콸 쏟아져야 무슨 간증거리라도 될 것 아닌가. 실제는 전혀 달랐다. 파놓은 우물에서 나오는 물이 무슨 실개천 보다 훨씬 못했다. 그렇다고 포기할 순 없으니, 박승현 전도사 부부와 나는 매일 그곳에 가서 우물 주변을 돌며 기도했다. "주님! 물줄기를 모아주옵소서." 당시에 누가 우리를 봤으면, 정말 한심하다고 생각했을 것이다.

우물은 우물이고, 건물은 그런 중에도 우여곡절 끝에 완공되었다. 드디어 학교를 옮길 수 있게 된 것이다. 이사를 하니 좋기는 했지만, 물 때문에 나는 심장이 마르는 것 같았다. 걱정이 더 심해졌다. 왜냐하면 학생들이 건물에 입주하면 화장실이든 뭐든 물이 많이 소요될 것이기 때문이었다.

아무래도 물이 더 있어야 할 것 같아서, 수맥 찾는 사람을 다시 불렀다. 그가 이리 저리 둘러보더니, 부지 한 쪽에 물이 있는 것 같다며 법석을 떨었다. 그가 난리를 친대로 물이 나왔으면 얼마나 좋았을까? 그는 큰소리만 쳐놓고, 결국 물을 찾지 못했다. 땀을 흘리며 학교를 돌아다니던 그가 좀 민망했는지 갑자기 묻는다. 전에 판 우물은 어떠냔 것이다. 혼자 뭐라고 중얼거리더니 거길 한 번 가봐야겠단다. 찾으라는 새로운 물줄기는 찾지 않고, 이전에 팠던 우물에 가서 한참을 들여다 보는 게 참으로 의아했다. 어이없어하는 나를 뒤로 하고 그 사람이 이전 우물을 조사하더니, 소리를 질러댔다. "아니 이게 왠 일이냐? 동네 온 물줄기가 죄다 이리 모였네. 당신네가 물이 없다면 이곳 크리시나기리에서 물 마실 사람이 어디 있겠나?"

이게 무슨 날벼락 같은 소리란 말인가? 그게 무슨 말인지 하도 놀라워서 달려갔다. 우물을 들여다 보니, 정말 희한하게도 무용지물이었던 우물이 과거와 완전히 달라져 있었다. 물이 있을까 말까 해서 쳐다보지도 않던 샘에 물이 흐르고 있었다. 이건 기적이라는 말 외에 달리 표현할 길이 없다.

그 후에 우리가 사는 지역에 3년이나 가뭄이 들었다. 학교 바깥에는 물이 없었지만, 우리는 그 우물 덕택에 물을 충분히 마시고, 꽃밭에 물도 주었다. 그뿐만이 아니었다. 가뭄에 신음하는 동네 사람들에게도 마실 물을 한 동이씩이나마 나눠주었다. 그 일이 있은 다음부터 우리는 지금까지 물 걱정 없이 살고 있다. 하나님은 우리의 기도를 들으신다. 우리를 살게 하신다.

전기가 연결되다

건물을 짓는 데는 전기가 꼭 필요하다. 전기가 있어야 건물 바닥을 갈고 닦는 게 가능하다. 건물벽이 쌓여가고, 겉모습은 점점 갖춰지는데, 전기가 연결되지 않아서 애를 태웠다. 전기를 좀 달라고 벌써 일년 전에 신청서를 냈다. 얼마 지나지 않아서, 전기를 연결하는 공사 견적서가 날아왔는데, 머리에 쥐가 날만큼 액수가 컸다. 미국 달러로 치면, 거의 5,000불에 가까운 돈이었다.

돈은 없고, 전기는 꼭 필요했으니 어떻게 하든지 문제를 해결해야 했다. 전기를 들여오는 게 가장 우선인지라, 상황을 생각할 겨를도 없이 무조건 견적서를 들고 전기 회사 사장을 만나러 갔다. 당시 전기 회사는 학교에서 상당히 떨어져 있어서, 한 번 가기도 쉽지 않았다. 그럼에도 불구하고, 나와 동역하던 가드윈씨(당시 24세), 박민수 전도사(현 은혜공동체 교회 담임), 강보영 전도사(현 주안 선교 대학교 교수)가 함께 가 주었다.

먼 길을 가서, 우여곡절 끝에 전기 회사 사장을 만났다. 염치불구하고 견적서를 내밀면서 돈이야 어찌 되었든 우리는 전기가 필요하니 전기를 연결해달라고 부탁했다. 전기가 워낙 급했던 터라 '돈이야 뭐 어떻게든 하나님이 해주시겠지' 하는 배짱도 생겼다. 우리 말을 가만히 듣던 사장이 갑자기 직원을 불렀다. 그가 직원에게 이 사람들이 전기를 연결해달라는 지역이 어딘지를 묻는 것이었다. 우리는 나중에 어떻게 되든지 일이 진행되나 보다 하는 기대를 가지고 가만히 쳐다볼 수밖에 없었다. 그런데 사장이 직원 말을 듣고 대답하는 걸 들으면서 기함할 정도로 놀랐다.

사장이 했던 말을 대충 옮기면 다음과 같다. "그곳은 개발지역 아니냐. 이들 돈이 아니라 우리가 그걸 해야 하는 예산이 있는데, 왜 이들에게 모두 지불하라고 했느냐?" 대강 뭐 이런 말이었다. 더 긴말 하지 않아도, 그 다음은 어찌 됐는지 예상할 수 있을것이다. 사장이 사실을 말해주는 바람에, 우리는 약 3,000루피, 미국 달러로 겨우 600불에 전기를 연결하게 됐다. 너무 너무 감사해서, 돌아오는 길에 서로 그랬다. "인도 전기회사에서 학교에 4,400불을 헌금해 줬다." 어찌 신나지 않을 수 있는가? 주님은 찬양 받으시기에 합당하다.

전화 놓는 것도 쉽지 않네

학교를 짓는 일은 마지막까지 힘겨운 작업이었다. 어느것 하나 쉽게 해결되는 일이 없었다. 이를테면 전화 놓는 일이 그랬다. 세상 어느 구석인들 악이 성행하지 않으며, 욕심 없는 곳이 있겠는가? 내가 선교를 위해 몸 담은 나라를 지칭해서 폄훼할 생각은 없다. 기본적으로 어디나 비슷하단 이야기를 하려는 것뿐이다. 정부에서 일하는 공무원이 뇌물을 요구하는 것은 사실 개발 도상국에서는 흔한 일이다. 예전의 우리나라도 예외는 아니다. 이 나라 역시 뇌물 때문에 참으로 많은 일들이 이루어지지 않거나, 느리게 진행되었다.

일을 하는 데 있어 당장 급한 것이 전화였다. 어디든 쉽게 연락을 해야 건물 짓는 일이 진척될 것 아닌가. 아직 학교며, 어린이집 건물이 완공되지 않아서, 하는 수 없이 동네에서 집을 하나 얻었다. 그곳에서 살면서 전화가 필요해서 어떻게 해서든 전화를 놓으려 했다. 당시 인도의 전화는 0번을 돌려 부탁해야 바깥 세상과 연결되었다. 답답하긴 했지만, 그나마 없으면 연락이 끊기고, 밖에서 일하는 전도 동역자들의 이야기를 듣지 못하기 때문에 전화가 반드시 있어야 했다. 이런 바람 덕택인지 집에 전화가 들어왔다. 이것도 뛸 듯이 감사했다.

드디어 건물이 완성되었다. 그간의 고된 일들이 씻은 듯 사라질 정도로 기뻤다. 새로 지은 학교 건물로 이사하고 짐도 옮겼다. 당연히 이

전에 살던 집에 놓았던 전화를 학교로 옮겨 달라고 이전신청을 했다. 학교에 전화가 없으니 엄청나게 불편했다. 전화 이전 요청을 한지 몇 달이 지났음에도 여전히 감감 무소식이었다. 아마 뭔가 뒤로 찔러 주었으면 일이 빨리 진행되었을 것이다. 하나님을 전하는 선교사는 그렇게 하지 못한다. 그건 성격에도 맞지 않았지만, 장기적으로 복음을 전하는 일에 장애가 되기 때문이다. 결국 사정을 하나님께 말하는 수밖에 없었다. 기도는 이럴 때 하라고 있는 거다.

말로 해도 안 되니, 사람을 직접 만나려고 담당 공무원에게 다시 전화했다. 누군가 전화를 받았다. 도대체 왜 공무원을 만나려 하느냐는 질문이 날아왔다. 이런저런 상황을 설명하고, 아무리 이전 신청을 해도 안 되니 이제는 직접 만나서 부탁하려고 한다고 했다. 담당자를 만나고 싶으니, 얼굴을 좀 보자 했다. 그때 놀라운 일이 일어났다. 그렇게 연락이 쉽지 않던 해당 담당 공무원이 바로 그 자리에 있다는 것이다. 그가 당장 해주라 하니, 밑에 있는 사람이 어찌 하겠는가. 희한하게 그 자리에서 전화가 학교로 옮겨졌다. 하나님은 이렇게도 일하셨다.

학교 인가증

학교를 건축하자, 자연히 아이들이 몰려와서 공부했다. 그게 1996년이었다. 아이들은 10학년으로 올라가는데, 아직까지도 학교 인가는 이루어지지 않고 있었다. 그 해 3월 3일까지 학교 인가증이 와야 10학년 국가고시 원서를 마감날인 3월 5일까지 낼 수 있는데, 3월 3일이 되어도 소식이 없었다. 학교 선생님, 학부형, 견습 선교사들까지 이리저리 뛰어 다녔지만, 별다른 방법이 없었다. 다들 소식만 기다리고 있었고, 나는 기도실에 들어가서, "주님! 행하여 주옵소서" 하고 부르짖었다. 이윽고 저녁 6시가 지났다. 이때쯤이면, 우체국 직원들도 모두 퇴근하게 마련이다. 10학년 인원은 겨우 5명밖에 되지 않았지만 이들의 진급은 너무 중요했다. 진급을 하려면, 시험을 치러야 하는데, 학교 인가가 나오질 않으니 모두 발만 동동 구르는 상황이었다.

저녁 8시경에 뭔가 급행 우편이 왔단다. 떨리는 손으로 열어보니, 오매불망 기다리던 학교 (Trinity Matriculation School) 인가증이 들어있었다. 형편을 나중에 알고 보니, 인가는 이미 지난 1월에 났는데, 교육부에서 내가 돈을 들고 찾으러 올 줄 알고 기다리고 있었다고 한다. 내가 끝까지 나타나지 않으니까, 할 수 없이 마지막에 급행으로 인가증을 보낸 것이었다. 높은 곳에서는 이미 1월에 인가를 내줬으니, 응당 아이들이 시험을 칠 줄로 생각하고 있었는데, 우리 학생들이 진급 시험 원서를 내지 않으면 인가증을 들고 있던 사람들이 문책을 당할 판이었다고 한다. 상황이 이 지경이 되자, 실무급에 있는 사람들이 어쩔 수 없어서, 급하게 인가증을 보낸 것이다. 그걸 받아 든 우리는 정말 기뻤다. 후에 우리 견습 선교사들과 모든 식구, 아이들, 학부형에게 이 사건이 큰 간증이 되었음은 두말 할 것이 없다.

4) 건축할 때 주신 은혜에 감격하다

1994년에 학교 건축을 시작했다. 건축을 맡은 사람은 이제 막 대학교 토목공학(Civil Engineering) 학과를 졸업하고 일을 시작한 가드원(Godwyn)이란 청년이었다. 이분에 관해서는 여러 번 책에 언급할 수밖에 없다. 그만큼 그는 학교 25년 역사의 산 증인이다. 모든 일에 그가 있었다. 가드원은 그때 갓 23살이었으며, 인근 건축 현장에서 감독으로 일했다. 나는 당시에 제대로 된 커다란 건축물이 아니라, 대충 코코넛 잎을 지붕에 올린 가건물을 세우려고 했다. 그런 구상을 읽은 캡틴 토마스가, 이런 일 정도면 청년이라 해도 가드원이 할 수 있을 거라며 그를 소개했다.

가드원과 마주 앉아서 학교를 어찌 지을 건지 이야기를 나눴다. 그는 뜻밖에 다른 이야기를 꺼냈다. 코코넛 잎으로 지붕을 얹는 가건물은 내년에 또 보수해야 한단 것이다. 해마다 다시 지붕을 얹어야 하는데, 거기 들어가는 돈이 만만하지 않단다. 건축비가 얼마 있던지 차라리 그것으로 처음부터 기초를 잘 닦아 놓는 게 훨씬 낫단 것이다. 일단 그리 해 놓고서, 돈이 생기는 대로 건축 자재를 사서 건물을 올리면, 시간은 걸려도 제대로 된 든든한 건물을 세울 수 있다고 했다. 그의 이야기를 들어보니, 해마다 얼마간이라 해도 돈을 그냥 날려버리느니, 차라리 건물을 제대로 세우는 게 옳은 것 같았다. 가드원의 제안을 받아들여, 정식으로 설계를 해서 건물을 잘 지어보자고 했다.

나는 건축에 관해 잘 몰랐기 때문에, 설계도가 어떤 건지 알지 못했다. 설혹 설계도를 본다 해도, 아래 위를 구별하지 못했다. 그런 나를 두고, 가드윈은 설계도를 보이며 건축 계획을 자세히 설명했다. 3층 보다 높게 건물을 지으면, 엘리베이터가 있어야 하니, 딱 3층까지만 짓자고 한다. 나는 원래 그저 오두막 같은 교실이라도 하나 있으면 된다고 생각했는데, 이제는 3층 건물이 생길 판이었다. 놀랍기도 하고, 황홀하기도 했다. "3층 건물이라니요, 주님!"

기분은 굉장히 좋았지만, 실제 건축 상황은 전혀 달랐다. 황홀은 황홀이고, 상황을 생각하니 한심했다. 나는 무조건 주님께 기도했다. "건축자가 3층 짜리 학교 건물을 계획하고 있습니다 주님! 어떻게 할까요? 주님께서 필요한 것들을 채워주옵소서." 감을 잡지 못하고 그저 기도하면서 일을

트리니티 학교 건축 모습과 학교 전경

시작했는데, 정말 어마어마하게 큰 건물이 눈앞에 나타나기 시작했다. 건물 기초를 세우는데 내가 상상하지 못했던 크기로 땅을 파더니, 이윽고 건축이 시작되었다. 건물이 3채나 만들어진다. 어린이집, 학교 교실 30개, 교무실과 도서관이 들어갈 건물이 지어지는 것이다. 건물들 모두 1층이 올라가는데, 그만 자재를 살 돈이 떨어졌다. 건축자인 가드윈은 기특하게 돈 없단 소리도 없이 일을 진행했다.

나는 그때도, 지금도 안다. 그는 결코 쉽지 않은 상황에서 건축을 했다. 본인은 인도의 건축가 그룹에서 이름이 없었다. 어느 정도 인정을 받아야 건축자재를 들여오는 것이 용이한데, 그는 이름도 없고, 쌓아놓은 신용도 없었다. 어느 날인가 만불어치 건축자재를 들여왔는데, 대금을 지불할 돈이 없는 사태가 벌어졌다. 나는 돈이 없는데, 가드윈은 그 돈을 정한 기일까지 지불하지 못하면 자기 신용이 쌓이기는커녕 망가지게 생겼다고 한다. 그렇게 되면, 우리 말로 신용 불량자가 되니 어쩌면 좋겠냐고 걱정하면서, 돈을 좀 구하면 좋겠다고 하는 거다. 큰일이 났다. 돈을 줘야 하는데, 나로서는 방법이 없었다.

궁여지책으로 어찌 해보자 싶어서 마드라스(첸나이)에 있는 은행에 갔다. 거기서 앞뒤 따지지 않고, 무조건 내 계좌가 있는 미국 은행 가계수표에 만 불을 적어 인도 은행에 집어넣었다. 물어보니 수표가 정리되려면 한 달쯤 걸린다고 한다. 한 달 안에 내 미국계좌에 돈이 들어와야, 인도은행에 집어넣은 수표가 부도나지 않고 제대로 값어치를 할 것이었다. 그리 하긴 했으나, 인도는커녕 미국 은행에도 돈이 없는 건 마찬

가지였다. 일단 한 달을 벌었으니, 그 시간 동안 앉아서 하나님께서 자금을 공급하시길 기도하는 수밖에 없었다. 은행에서 돌아온 나는 이 일을 통하여 하나님께서 영광 받으시길 쉬지 않고 기도했다.

그때 나는 미국 씨애틀에 계신 오대원(Rev. David Ross)목사님을 스리랑카 목회자 세미나에 오시라고 초청해 놓은 상황이었다. 한 달 후에는 세미나 때문에 스리랑카에 가야 했다. 일이 만약 제대로 된다면, 그리로 가는 길에 마드라스에 들러서 돈 만불을 은행에서 찾아 가드원에게 주면 된다. 계획이야 아주 제대로 세웠다. 문제는 만불이 어디서 오느냐 하는 것이었다. 미국 은행에 돈이 들어오지 않으면 모든 것이 허사였다. 총회에서 오는 생활비 3개월 분을 보탠다 해도, 인간적으로는 도저히 계산이 안 나왔다. 누군가 하나님의 음성을 듣고 선교에 마음이 확 쏠리기를 기도하는 수밖에 없었다.

무슨 배짱인지, 한달 후에 가드원과 나는 마드라스에 갔다. 언감생심 은행에서 돈을 찾으려고 기대하고 길을 나선 것이었다. 돈이 왔는지 안 왔는지 도무지 감이 오지 않았다. 당연한 것 아니겠는가? 혹시 돈이 계좌에 들어왔다면, 주님께서 누구를 감동시켜 빈 계좌를 채우셨는지 알고 싶었다. 그게 아니라면, 완전히 허탕친 상태에서, 허망하게 스리랑카로 가게 될 것이었다. 결과를 알지 못하는 가운데 마드라스를 향해 차를 운전했다.

나와 가드원은 가는 길에 서로 용기를 주면서, 하나님께서 건축자금을 보내셨을 것이라는 믿음(?)을 가지자고 했다. 생각하면 얼마나 황당한 일인가. 은행 앞에 선 우리는 떨리는 마음으로 다시 한 번 기도했다. 그런 연후에, 은행에 들어가서 확인했다. 마음이 떨렸다. 어떤 일이 있었을까? 여러분들이 상상하는대로, 미국 은행에 돈이 들어와 있었다. 정말 놀라웠다. 나는 기쁜 마음으로 하나님께서 예비해주신 것을 감사하며 돈을 찾아 가드윈 손에 들려주고, 바로 마드라스에서 스리랑카로 넘어갔다.

그날 밤 오대원 목사님 내외가 스리랑카에 도착하기 때문에 나는 마음이 급했다. 스리랑카에 넘어가서 미국 은행에서 그곳으로 보낸 계좌 안내서(bank statement)부터 먼저 살펴봤다. 당시 내 거주지가 스리랑카로 되어 있어서, 모든 서류가 다 그리로 왔다. 도대체 누가 헌금해 주었는지 궁금해서 서류 뭉치를 뒤졌더니, 과연 미국 은행에서 보낸 편지가 있었다. 당장 계좌 안내서를 뜯어서 내용을 살폈다. 그런데 계좌 안내서에는 너무나 의아한 내용이 적혀 있었다.

> "당신의 계좌에 돈이 부족해 수표에 적힌 금액을 인도 은행이 요구한대로 지불하지 못했습니다"(Your Balance insufficient so that this check is not payed)

정말로 이상한 일이었다. 인도 은행에서 내게 준 만불은 도대체 어디서 왔단 말인가? 일단 돈이 내게 들어왔고, 건축자금으로 쓰라고 가드원에게 지불한 건 너무나 감사했다. 그렇긴 하지만, 중간에 무슨 일이 생긴 건지 도무지 알 도리가 없었다.

  이런 일이 있고 나서 3일이 지났다. 인도 은행에서 내게 전화가 왔다. 어린이집과 가드원에게서도 역시 전화가 왔다. 셋의 말은 동일했다. 그만 은행이 실수해서 돈 만불을 내게 꺼내줬단 것이다. 세상에나, 은행이 어떤 곳인데 이런 실수를 한단 말인가? 이런 일이 생긴다는 건 인간적으로 볼때는 도저히 불가능했다. 어쨌거나 짐짓 태연하게 은행에게 형편이 어찌 된 건지 알아보고 연락하겠다고 했다. 말은 그리 했지만, 사실 나는 더이상 어디 알아볼 길이 없었다. 그나마 다행인 건, 인도가 아닌 해외(스리랑카)에 있으니 시간을 좀 벌었단 사실이었다. 그런 상황에서 내가 할 수 있는 일은 그저 기도 밖에 없었다.

  그날은 토요일이었다. 예정대로 저녁에 오대원 목사님 내외분이 스리랑카에 오셨다. 스리랑카에서 사업을 하던 홍여사(Ms. Hong)란 분이 오 목사님 내외와 저녁을 함께 하기를 원했다. 여럿이 함께 식당에서 저녁을 먹

목회자 세미나 후 오대원 목사와 교역자들(위)
왼쪽부터 홍석구 장로 부인, 나, 홍여사 모친, 2만 1천 불 헌금한 홍여사, 오대원 목사(아래)

었다. 식사 중에 홍여사는 "목회자 세미나 때문에 월요일에 기도원에 올라간다고 들었는데, 그 전에 자기 사무실을 잠깐 들르세요." 라고 말했다. 기도원에 올라가는 월요일에 그분 사무실에 잠시 들렸다. 몇 마디 환담 끝에 그분이 수표 한 장을 주면서 요긴하게 쓰라고 했다. 수표 액수란에는 1,000불이라고 쓰여 있었다. 고마운 일이었다. 감사기도를 드리고서 기도원에 올라갔다. 오대원 목사님께 홍여사가 천 불을 주었는데, 이걸로 목회자 세미나를 잘 마칠 수 있겠다고 말씀드렸다. 수표를 자랑하듯 보여드렸는데, 오대원 목사님이 웃으시면서 "5천 불 줄게 이거 나 줄래?" 하시는 것 아닌가. 무슨 말인가 싶었다. 오 목사님이 수표를 좀 자세히 보란다. 눈을 크게 뜨고 다시 봤더니, 액수란에 적힌 금액이 미화(USD) 1,000불이 아니고 무려 21,000불이었다. D자와 2자가 살짝 겹쳐있어서 2자를 못보고 1,000이란 숫자만 본 것이었다. 세상에 어떻게 이런 일이 있을 수 있을까? 나는 펄쩍 뛸 정도로 기뻤다. 그길로 바로 미국에 수표를 보내고, 인도 은행에 전화해서 문제를 해결했다.

하나님께서는 우리의 필요를 그분 뜻대로 구하면 들어주신다. 헌금할 자가 아무도 없으면, 은행이 실수하게 해서라도 일을 이루신다. 넉넉하지 못한 데서 오는 우리의 부끄러움이나 모자란 신용까지도 어떻게든 사용하셔서 온전하게 일을 이루는 분이 하나님이시다. 그간 계속해서 기도한 것이 이렇게 응답되었다. 돈 만불을 지불하고도 남는 넉넉함을 누리게 하셨다. 이 일에 쓰임 받은 홍여사 역시 하나님 손 안에서 복되시기를 기도한다.

물론 돈 만불이 들어갔다 해서 건축이 다 이뤄진 건 아니었다. 여전히 자금은 부족했다. 교무실과 도서관으로 쓰려던 건물은 자금 부족으로 어쩔 수 없이 공사를 멈춰야 했다. 그 바람

학교건물 완공식에서 영락교회 임영수 목사님과 교인들

에 부지에 잡초가 열자가 넘게 잔뜩 자라있었다. 1995년 영락교회 임영수 목사님과 몇 분 성도들, 그리고 선교부 장로님이 인도를 방문하셨다. 임 목사님이 건축이 중단된 건물을 보시고, 저건 왜 저렇게 되었냐고 물으셨다. 자금이 없어서 다음에 헌금이 들어오면 계속할 것이라고 했더니, 임 목사님이 선교부장에게 그거 영락교회가 헌금하자고 말씀하셨다. 당시 선교부 장로는 고상우 장로였다. 그분 역시 건축 사역을 긍정적으로 이해했기에, 기쁨으로 일을 추진하셨다. 이런 일들이 생긴 끝에, 마침내 3층짜리 건물이 지어졌다. 도서관과 컴퓨터 교실이 그곳에 들어간 건 당연했다.

하나가 해결되니, 또 다른 것이 계속해서 문제를 일으켰다. 교무실과 도서관이 지어지자, 이번에는 운동장이 현안으로 등장했다. 학교에 운동장이 없었는데, 이것 때문에 주정부가 11-12학년을 위한 인가를 내줄 수 없다는 거였다. 운동장은 보통 3 에이커가 기본인데, 이것을 구입할 재력이 없었다. 땅이 없는 건 아니었다. 빈 땅이 있었지만, 개발되지 않

아서 학교 주변은 수풀로 덮여 방치되다시피 했다. 당시에 영락교회 팀이 선교지를 방문했는데, 두 팀으로 각각 나뉘어 뱅갈로와 크리시나기리에서 선교를 도왔다. 그때 우리가 있는 쪽으로 오신 분들이 선교부장 백문철 장로와 미용팀 오순향 권사 팀이었다. 그분들 외에도, 뱅갈로에 간 정천우 장로까지 시간을 내어 크리시나기리로 와 함께 선교지를 돌아봤다. 당연히 어떤 어려움이 있는지 이야기를 나누게 되었다. 당면한 문제가 운동장인지라, 이야기를 했다. 운동장이 있으면 11-12학년을 위한 인가를 받을 수 있다고 했더니, 놀라운 일이 생겼다. 그 해 우리에게 운동장을 구입할 수 있는 자금을 영락교회에서 보내주신 것이다.

나는 진심으로 선교지와 나를 위해 애써 주신 영락교회 선교부, 특히 여전도회에 감사하고 싶다. 보잘것없는 자를 위해 애쓰고, 헌금하며, 기도해준 은혜는 잊을 수가 없으며, 갚을 길이 없다. 은퇴를 한 지금도 그들을 위해 기도한다. 서울 영락교회를 후원 교회로 두었던 것에 대해 더욱 감사하는 것은, 교회가 지금까지 제대로 된 권위와 명성을 쌓아왔다는 사실 때문이다. 내가 영락교회에서 파송받았단 사실 때문에, 어떤 교회에 가서 말씀을 전하거나 간증을 해도, 배경에 관해 의심하는 질문이 없었다. 영락교회라는 이름이 앞에 서자, 어느 교단이냐, 이단이냐 아니냐는 등의 시비가 아예 없었다. 영락교회는 지금까지 지켜온 여러 가지 사역 때문에 하나님이 주신 권위를 인정받아왔다. 이런 교회가 파송한 선교사였기 때문에, 눈치 보지 않고 맘껏 일할 수 있었다. 이렇게 역사하신 하나님 은혜가 감사하다. 영락교회를 세운 한경직 목사로부터 시작하여 모든 어르신들께 진심으로 감사와 경의를 표한다. 어르신들께서 수고가 많으셨다.

그 외에 다른 도움들도 건축에 보태졌다. 어떤 분이 십일조를 모았다며 건축헌금으로 보내신 경우가 있었다. 그분이 십일조를 모아 놓고 선교비로 보내려고 하는데, 아무도 생각이 나지 않아서 기도했단다. 밤에 꿈을 꾸는데, 큰 칠판에 선교사들 이름이 쭉 적혔다고 한다. 그런데 아무리 살펴봐도 자기가 아는 내 이름이 없어서 "왜 김영자 선교사 이름은 없어요?" 라고 묻는 순간에 잠이 깼단다. 깨고 보니, 칠판에 있던 다른 이름은 기억이 안 나고, 내 이름만 기억났다는 거다. 이건 아마도 하나님께서 김영자 선교사에게 주라고 하신 것인 줄로 알고, 군말없이 헌금을 보냈다고 했다. 이런 과정을 거쳐서 또 한 번의 어려움을 넘기며 건축을 계속 할 수 있었다. 주님께서 이렇게 물질로 헌신한 하나님의 사람들에게 은혜를 내려주시길 간구한다. 그분은 지금도 계속해서 십일조를 할 수 있는 교회나 선교지를 만나 충성스럽게 섬기고 계실 줄로 믿는다. 하나님께서 그분을 평안하고 건강하게 하시기를 간절히 기도한다.

생각해 보니, 다른 이야기도 있다. 한 집사가 어느 겨울이던가 아이 첫 돌을 맞아 잔치를 준비하려고 시장에 갔단다. 얼음이 덮힌 길을 조심하지 않고 걷다가, 그만 미끄러져서 다쳤다고 한다. 이분이 말씀하기를, 넘어지고 나서 문득 선교헌금 생각이 났단 거다. 아이 잔치를 하나님이 기뻐하시지 않는 것 같단 느낌이 들어서, 생각 끝에 잔치 비용을 선교지로 보내는 결정을 했다. 하나님께서 왜 아이 돌 잔치를 기뻐하지 않으셨겠는가? 다만 그분이 헌금하기 위한 좋은 핑계로 그런 이야기를 덧붙인 걸로 이해한다. 당연히 나는 아기를 위하여 계속 기도한다. 어찌 보면 잔치보다 기도가 더 큰 선물 아닌가 싶다. 이제는 많이 장성했을 아기에게 하나님의 큰 은혜가 함께 하기를 바란다. 아이가 자라면서 매일 지혜와 명철, 놀라운 은혜를 체험하기를 기도한다.

5) 하나님이 내게 물어오셨다!

캐나다 에드먼튼에 가서 김명준 목사님을 만났다. 그분이 일하는 교회에서 사역을 하고 다음날 함께 아침 식사를 하러 식당에 갔다. 식당에 놓인 신문 가판대를 지나는데, 문득 눈에 스치는 글귀가 있었다.

"You can believe God, but can God believe you?"(당신은 하나님을 믿지만, 과연 하나님은 당신을 믿으실까?)

눈에 불쑥 들어온 글귀 하나 때문에 얼마나 가슴이 떨렸는지 모른다. 선교를 하다 보면, 정말로 하나님과의 신뢰 관계가 중요하단 생각을 넘치게 하게 된다.

선교 초기에 내가 사역하는 인도 날씨가 매우 가물었던 적이 있다. 비가 전혀 오지 않는 통에, 할 수 없이 우물을 파야 했다. 이런 일에는 무조건 재물이 필요하다. 우물 하나를 파도 돈 없이는 하지 못하니 말이다. 그래서 사역을 놓고 기도하기 시작했는데, 지금 생각하면 하나님은 이 일에도 계획이 있으셨다.

미국에서 영어공부를 할 때, 여러 교회를 다니면서 간증했던 적이 있다. 간증이라는 게 알다시피 특별한 건 아니었다. 그저 하나님께서 어떻게 나를 나 되게 하셨는지 말씀드린게 다였다. 영어 공부를 마무리하고 인도로 들어갈 즈음에, 사람 한 분을 만났다. 워싱턴 복음신보의 사장으로 일하던 장 장로님이었는데, 간증에 은혜를 많이 받았다며 인도에 가거든 상황을 알려달라고 하셨다. 하여간 말씀만이라도 참으로 감사했다. 우물을 놓고 기도하던 중에 왜 이분이 문득 떠올랐는지 모르겠다. 이런 것도 다 의미가 있으려니 싶어서, 인도 상황을 써서 그분에게 편지를 보냈다.

당시만 해도 옛날이라, 어느 지역이든 선교사가 별로 없었을 뿐 아니라, 선교사라고 해도 어떤 일을 해야 하는지 구체적으로 잘 몰랐다. 언급했듯이 나 자신도 인도에 선교하러 갔지만, 정보가 거의 없었다. 단지 내가 직접 경험하고 당면해서 감당해야만 하는 일들을 편지에 담을 수밖에 없었다. 그러자니 편지를 쓰면서 가뭄에 관한 이야기를 하는 것이 자연스러웠다. 인도 기독교인들이 가뭄 때문에 다시 힌두교로 돌아간다는 가슴 아픈 이야기를 했다. 실제로 가뭄이 깊어지면 우물을 파야 하는데, 돈 없이는 할 수 없다고 말했다. 우물을 파자면, 사람들이 정부에서 대출을 받아야 하는데, 기독교인에게는 돈을 빌려주지 않았다. 이런 상황에서 그들이 그만 다시 힌두교로 돌아가는 사태가 벌어지곤 했다.

이런 내용을 편지를 통해서 전했더니, 장로님이 어떻게 하셨는지 많은 사람이 헌금을 보내줬다. 초보 선교사였던 나에게 기적같은 일이 생긴 것이다. 여러 사람이 보내준 헌금으로 우물 10개를 파고도 돈이 남았다. 내가 처음 인도에 갈 때 들고 들어간 돈이 650불 가량이었다. 그때 답지한 성금은 거의 7천 불에 가까운 금액이었다. 돈이 넉넉했으니, 그걸로 우물을 여러 개 팠다.

나는 모든 게 감사했다. 이렇게 돈이 많은 것도 너무 기뻤고 좋았다. 좋아라 하는 나를 보신 하나님께서 갑자기 말씀하셨다. "도대체 남의 돈을 가지고 좋아하는 이유가 뭐냐?" 이런 질문을 접한 나는 깜짝 놀랐다. 하나님이 그런 걸 물어보실지는 생각도 하지 못했다. 그분의 음성을 듣고 나서 맘이 편치 않았다. 다시 생각해야 했다. 하나님 앞에서 내가 과연 무엇을 해야 하는지를 알기위해 기도했다. 기도하는 가운데 깨달음이 왔다. 그건 교회를 시작하는 것이엇다.

내가 사역하던 곳은 인도에서도 정말 시골이었다. 이곳에서 전에 야간 학교를 했었는데, 결과가 그리 좋질 않았다. 말하자면 시행착오를 겪은 것이었다. 우리나라 선교 역사를 읽어보니, 많은 선교사들이 학교를 세워서 문맹 퇴치에 애쓴 내용이 많았다. 나를 인도에 보낸 기관이 미국의 문명퇴치선교회였다. 나도 인도에서 비슷한 사역을 해보겠단 생각이 들었다. 가능하단 판단이 들어서 사역을 시작했다. 하지만 현실은 녹록하지 않았다. 인도에는 한국에 없는 것이 하나 있었다. 바로 엄혹한 계급제도(the caste system)였다. 그것 때문에 야간학교가 잘 되질 않았다. 인도에서는 누구나 개인이 속한 계급이 허용하는 직업만 가질 수 있다. 그걸 초월해서 태어나자마자 결정된 계급과 상관없이 직업을 바꾸는 건 불가능하다. 글을 안다고 해서 더 나은 직업을 얻는 것이 아니었다. 상황이 이러했으니, 야간학교가 잘될 턱이 없었다.

시골에 개척한 교회 중 하나

야간학교를 뒤로 하고, 기도 중에 교회를 개척하기로 했다. 교회를 만들기 위해서, 기도 모임을 시작했다. 기도 모임을 시작하자, 많은 사람이 거기 나왔다. 흥미롭게도, 인도 사람의 종교성은 아주 대단하다. 예수님을 믿지 않아도, 신에게 기도한다고 하면 온 동네 사람이 다 모여든다. 하나님은 이 요상한 모임에 역사하셨다. 사람이 모이는 곳에서 교회를 시작했고, 전도사들을 양성했다. 각 지역에 그들을 파송하기 시작했다. 모일 장소가 마땅치 않으니 바깥에서 모이곤 했는데, 비가 오면 아무 것도 하지 못하는 문제가 생겼다. 하나님께 기도하는 중에 깨달은 것처럼, 우물을 파고 남은 돈으로 교회를 건축하기로 결정했다. 교회 건축은 한 곳에서만 진행된 것이 아니었다. 무슨 생각이었는지 4곳에 한꺼번에 교회를 짓기 시작했다. 기도로 역사가 일어나는 현장을 보고 난 후에, 시쳇말로 영적인 간이 부었던듯하다. 당장 시작할 돈이 있으니까, 또 하나님이 원하시면 사람들이 돈을 보낼테니까, 별로 걱정하지 않왔다.

그때가 1984년이었다. 교회를 네 개씩이나 건축하고 있는데, 문제가 조금 생겼다. 내가 믿음으로 생각했던 것만큼 헌금이 들어오질 않는 것이다. 돈은 말라가고, 교회는 지어야 하는 부담에 시달렸다. 그 와중에 나는 한국 기독교 100주년 기념 행사에 초청을 받았다. 별 일이 없으면, 7월에 한국을 방문한다는 생각에 마음이 들뜨고 기뻤다. 그때가 4월이었는데, 현실은 내 기쁨을 따라주지 않았다. 교회 건축비용으로 사용하던 헌금이 다 떨어졌고, 더 이상 건축할 돈이 없었다. 대략 생각해 보니, 약 1,000불만 더 있으면, 공사를 모두 마치고 한국에 나갈 수 있을텐데, 그 웬수(?) 같은 1,000불이 안 들어 왔다.

내가 할 수 있는 일이 달리 없었기에, 하나님께 기도했다. 그분에게 헌금 1,000불만 더 보내주십사 떼를 썼다. 그런 나를 보고 어느 날 하나님이 그러셨다. "근데 넌 왜 네 교회를 다 헌당하고 나서 한국에 가려고 하는거냐?" 아니, 기도할 때마다 그분이 내게 그리 말씀하셨다. 견디다 못해서 종이를 펴놓고 교회 건축을 마치고 한국에 가려는 이유를 하나씩 써보기로 했다. 이유를 쭉 쓰는데, 한 가지가 딱 맘에 걸린다. 그걸 뒤로 미뤄놓고 다른 것부터 쓰려고 했지만, 그게 계속 마음을 건드렸다. 결국 이유를 다 대지 못한 상태에서, 기도를 멈췄다. 마음에 뭔가 체한 듯, 딱 걸린 것 하나는, "한국 가서 선교 보고 한답시고 다니면서, 교회 네 개 짓고 헌당했다는 자랑을 하고픈 마음이 내게 있다"는 것이었다. 이게 진짜 이유였던가? 나는 정말 화들짝 놀랐다. 그래서 다시,

"아닙니다. 교회는 내 것이 아닐뿐더러, 지은 것도 내가 한 것이 아닙니다"라고 고백했다. 기도한 후에는 사람들에게 선포하기까지 했다. "나는 한국 안 가겠습니다. 거기 가서 입만 벌리면 자랑이 나올 것 같습니다. 지혜롭게 하나님께 온전한 영광을 돌리지 못할 것 같습니다. 따라서 안 가는 것이 최선이라고 생각합니다. 안 가겠습니다."

교회를 지으면서 그동안 내가 누리던 작은 사치(?)인 수영을 그만두었다. 거기 들어가는 돈은 물론 몇 푼 안됐다. 한국에선 많은 돈이 들어가는 일이지만, 여긴 지극히 작은 비용만 들여도, 수영이 가능했다. 그렇다고는 해도, 건축비가 모자라는데 수영하러 가는 것이 마음에 걸렸다. 인도는 날씨가 워낙 덥다. 상상하기 힘들 정도로 기온이 올라간다. 더구나 에어컨도 없어서, 수영을 하면 그나마 더위를 식히는 게 가능했다. 이렇든 저렇든 교회 건축을 하다 보니, 얼마되지 않는 금액도 크게 느껴져서 그만둔 것이다. 하지만 이젠 한국도 안 가고 여기 있기로 작정한 참이었다. 어차피 돈도 없으니, 교회를 언제 헌당하던지 관계가 없었다. 쪄죽을 것 같은 더위를 그냥 견디느니, 다시 수영하러 가기로 마음 먹었다.

인도의 4-5월에는, 수영장에 사람이 없다. 보통 수영장에는 주로 돈 있는 사람들이 오는데(내가 절대 부자로 살았다고 오해는 마시라), 그때는 너무 더워서 모든 부자가 산속으로 피서하러 간다. 부자들은 피서 다녀와서 6월이 지나야 슬슬 수영장에 나타나는 게 상례였다. 그때가 마침 4월이었으니, 사람들이 수영장에 별반 없었다. 나는 혼자 수영하러 갔다. 헌당이 쉽지 않다고 생각하니 심통이 좀 났나 보다. 언제 이뤄질지도 모르는 일 때문에, 더위에 타죽을 순 없지 않냐고 중얼거리면서 수영장을 간 거다. 한참 물에서 더위를 식히는데, 동양인 두 사람이 수영장으로 들어오는 게 아닌가. 한 사람은 나이가 좀 들어 보였고, 또 다른 이는 젊었다. 나는 그저 홍콩 사람들이 놀러 왔나 싶었다. 그들이 뭐라고 이야기를 나누는데, 내뱉는 말이 귀에 쏙하고 들어와 박힌다. 정확하게 "여기는 좀 괜찮다", 이렇게 들렸다. 순간적으로 "이렇게 귓속에 확실하게 들어오는 말은 어느 나라 말이지?" 하는 의문이 들었다. 순간적으로 한국말이라는 생각을 전혀 하지 못한 탓이었다. 그 사람들이 내 앞을 지나갔다. 둘 중 연세드신 분이 나를 쓱 쳐다 보고는, 같이 온 젊은이에게 얼굴을 돌려 뭔가 말했다. 자기가 하는 말을 알아 들으면 저 여성이 한국 사람이고, 아니면 자기네끼리 말한 걸로 치면 된다는 거였다. 그분이 날보고 그랬던 걸로 기억한다. "어디서 왔소?" 아, 이건 분명히 한국말이었다. 나는 북받쳐 오르는 기쁨을 살짝 감추고, 태연하게 다시 물었다. "어디서 오셨어요?" 이렇게 말이 오가면서, 서로 인사를 나누게 되었다. 한국말을 같이 섞다보니, 너무 기쁘고 좋았다. 진짜로 그곳에서 한국 사람을 아주 오랜만에 만났다.

그들은 한국에서 이곳의 가죽을 수입하러 온 사업가였다. 이 근처는 가죽을 무두질해서 품질 좋고 싼 제품을 생산하는 걸로 유명했다. 사업을 위해 통역도 함께 오려 했지만, 비자가 나오질 않아서 결국 둘만 오게 되었다고 한다. 날보고 여기 사냐고 묻더니, 대뜸 하는 말이 거래하는 동안에 통역을 좀 해달란다. 아니, 통역이라니? 내가 무슨 통역을 다 하나 싶어서, 하지 못한다고 했다. 그들은 사뭇 간절하고 진지하게 권했다. 아무리 그래도 자기들보단 나을테니 통역을 해달란다. 까짓 것, 못할 게 뭐가 있겠나 싶어서 결국은 승낙을 했다. 그날 부로 나는 가죽 거래 전문 통역사로 전업(?)했다. 그런데 도대체 이게 웬 은혜란 말인가? 통역이 너무나 술술 잘 됐다. 이곳에서 살면서 이런 경우는 처음이었다. 나 자신도 내 언어 실력에 깜짝 놀라 정신을 차리지 못할 정도였다.

그날 저녁에 집에 돌아와서, 잠을 이루지 못했다. 참으로 간사한 것이 사람이다. 이전에 통역을 잘 하지 못한다고 생각할 때는 제법 겸손했다. 그랬던 사람이 그날 하루 뭐가 된다 싶으니 자신도 모르게 통역비를 기대하기 시작한 거였다. 우습게도 얼마나 줄까 하는 생각이 머리에 꽉 찼다. 잠을 못자고 하나님께 기도했다. "하나님, 3일간 통역해야 하는데, 좀 도와주세요. 그들이 통역비를 좀 후하게 주게 해주세요." 하루에 50불을 줄까, 아니면 100불을 줄까? 하나님께서 그들에게 은혜를 베풀어서 적어도 하루에 100불은 받게 해달라며 마구 큰 소리로 기도했다. 다음 날, 그 사람들과 만나서 일하고 밥도 함께 먹었다. 나는 바보같이 밥도 좋은 걸로 먹지 못했다. 혹시 그들이 밥값 때문에 돈을 다 써버리고, 통역비를 적게 주면 어쩌나 싶어 그랬던 거였다. 내가 느낀 부담과는 달리 일이 정말 수월하게 진행되었다. 통역을 담당한 나로서는 뿌듯한 일이었다. 그들은 가죽 수입을 위해서 수출입 신용장(L/C: letter of credit)까지 열었다. 나는 그게 뭔지 그때 처음 알았다.

그들은 일을 마쳤다. 다음날 점심을 먹고, 저녁 비행기로 서울로 간다고 했다. 내일이면 마지막이고, 이제 통역비를 받는 순간이 온다. 마지막 날 밤에 하나님께 정말 도와 달라고 애써 기도했다. 내 기도를 들으신 하나님께서 이렇게 말씀하시는 것만 같았다. "내가 명색이 하나님인데, 그렇게 치사하게 하란 말이냐?" 뜨겁게 기도하긴 했지만, 내가 생각해도 조금 치사하단 생각이 들었다. 함께 일하는 동안에 그분들이 기분좋게 웃으면 혹 통역비가 100불인가 싶고, 좀 안색이 안 좋으면 50불밖에 안주려나 하는 생각을 하곤했다. 내 정신이 하루에도 몇 번씩 엘리베이터를 타고 100층에서 지하까지 왕복하는 일이 반복되었다. 그런 고초를 겪고나서 마지막 날에 기도하면서, 하나님 말씀을 듣고 다시 생각했다. 내가 선교사로 나올 때 훈련받은 것이 무엇이었는지 잊지 말아야 했다. 어떤 일이 있어도 남에게 손 벌리지 않겠다고 다짐하고, 하나님과 약속했었다. 그것 때문에 얼마나 혹독한 훈련을 받았는데, 이렇게 무너지나 싶어서 마음이 아팠다. 나는 다시 하나님께 기도했다. "아뇨, 잘못했습니다. 주께서 행하시는 일에 제가 무슨 주제 넘는 말과 행동을 했는지 알았습니다. 주님 용서하옵소서." 그리 기도하고는 깨끗하게 통역비에 대한 미련을 버렸다.

다음날 점심을 같이 먹는데, 이젠 내려놨으니 나도 서슴없이 좋은 것으로 먹었다. 마음이 자유로워진 탓이었다. 그들이 내게 그러더라. "일이 다 끝나니까 얼굴도 밝아지고, 좋은 것도 잡수시네요." 속으로 정말 별 말이 다 생각났지만, 겉으로는 내색하지 않았다. 점심 식사가 끝나고 헤어질 무렵에, 그들이 봉투를 하나 건네 주었다. 그걸 받으면서, 그 동안 내가 겪은 심적 고통을 아주 살짝만 이야기했다. 물론 선교사의 자존심이 있는지라, 50불 또는 100불을 생각하며 오르락 내리락 했던 건 말하지 않았다. 다만 교회 때문에 사실 천 불 놓고 기도하던 중에 그들을 만나게 되었다는 이야기를 했다. 얼만지 알 순 없지만, 이걸 헌금으로 생각하고 교회 짓는데 보태겠다고 했다. 그랬더니 둘이 서로 쳐다보면서 이상한 표정을 짓는다. 약간 민망해진 나머지, 나는 그렇다고 해서 보태달라는 것은 아니라고 했다. 그순간 그들이 황급히 손을 저으면서 그랬다. "아뇨, 놀라서 그랬어요. 그거 딱 천 불이거든요."

이 말에 내가 어떤 심정이 되었을까? 여러분이 상상하실지 모르겠다. 하나님은 이 사건을 통해서 내게 이렇게 말씀하셨다. "내가 너를 믿을 수 있을 때는, 모든 것이 네 것이란다." 단순히 내가 하나님을 신뢰하는 것도 중요하지만, 그것 위에 내가 하나님께 인정받는 것이 더 중요하단 사실을 깨달았다. 내 인생의 모든 것은 하나님이 인정하실 때만 가능하다. 나는 하나님을 믿는다고 생각하지만, 과연 하나님은 나를 믿으시는가?

오늘도 거룩하게 살려고 애쓴다. 찬양하고 감사하며 오늘 주신 말씀대로 살아내는 일에 소홀함이 없기를 간절히 바란다. 나도 사람이니 가끔은 쓰러지고 넘어지지만, 하나님께서 그럴 때마다 일으켜 세우심을 믿는다. 그런 하나님을 의지하고, 성령님에 의지해서 일생을 살아가련다. 오늘도 나는 하나님께서 인정하고 믿어주시는 사람이 되겠다고 다시 한 번 되뇌인다.

5. 인도의 삶 속에서

1) 인도에서 겪은 크고 작은 일들

인도에 들어가서 살면, 부딪히는 일이 한 두 가지가 아니다. 하나님 앞에서 올바로 행동한다면, 도저히 할 수 없는 일들이 너무 많다. 살다 보면, 거짓말을 해야 하고, 뇌물을 건네지 않으면 일이 안 되는 상황이 너무 많다. 나 역시 거짓말을 안하고 산다는 것이 어려웠다. 그럼에도 불구하고 하나님께 나를 드리며 거짓말을 하지 않도록 도와달라는 기도를 오늘도 드리며 산다. 이런 종류의 일을 제대로 세우려고 애쓸 때, 하나님께서 도와주신 이야기를 좀 해 보자. 다른 이들이 들으면, 너무 우습기도 하겠지만, 당시 나에게는 이런 상황이 너무 심각했다.

인도에 선교사로 갔지만, 현지에 합법적으로 체류하기 위해서 대학교에 다닐 때였다. 학생 비자를 연장하려고 이민국에 갔다. 이민국에 갈 때마다 그들은 "당신 선교사요?" 하고 묻는다. 의심가는 바를 확인하려는 거다. 질문을 받고 "아니요" 라고 하면 거짓말이고, "그렇습니다" 하면 쫓겨난다. 항상 이민국에 가면서 기도할 때마다, 그들이 제발 이걸 물어보지 않게 해 달라고 기도했다. 이민국에 비자연장을 위해서 간 그날 역시 같은 기도를 하나님께 드렸다. 사무실에 들어가서 서류를 내놓고 인터뷰를 하는데, 첫 질문이 "당신 선교사요?"(Are you a missionary?) 였다. 내 답이 어땠을 것 같은가? 놀랍게도 생각지 않은 대답이 내 입에서 나왔다. "당신은 나를 선교사라고 부르고 싶어요? 그럼 그렇게 좋으신대로 부르세요"(Do you want to call me a missionary? You may call me as you like). 희한했던 건, 그러자 더이상 질문이 없었다는 사실이다. 지금도 그때 생각을 하면, 가슴이 떨려온다. 별 일 없이 비자를 연장받고 나와서 정문을 돌아서는데, 다시 기도가 나왔다. 그 자리에 거의 주저 앉아서 "주님, 감사합니다. 내 머리에서는 그런 대답이 나올 수 없는데, 지혜를 주셨고 답을 주셨습니다. 감사합니다" 하고는 한 없이 감사하고 기뻐했다. 정말 울음이 다 나왔다. 우선 하나님께서 거짓말을 막아주셨다. 그렇다고 해서 내가 거짓말을 전혀 안하고, 꼭 진실만을 말한다는 것은 아니다. 선교사이고, 하나님을 믿는 사람이니, 뻔히 거짓말인줄 알면서 그리 하기는 쉽지 않았단 걸 말하는 것뿐이다.

　인도에 홀트 아동복지회에서 파송한 임부웅 선교사 내외가 있었다. 한국 사람이니 서로 모이면 교제하곤 했다. 인도에서 함께 사역하던 강선자 선교사가 산지에 있다가, 비자를 연장하러 마드라스로 내려왔다. 이민국에 가서 인터뷰를 하는데 정직하게 선교사라고 대답했다. 지금 어디에 머무느냐 해서 임 선교사네 주소를 말했단다. 결과가 너무 가슴 아팠다. 임 선교사도 2주안에 나가라고 해서 스리랑카로 나갔고, 물론 강 선교사도 스리랑카로 나가야 했다. 두 주라는 짧은 시간 동안에 집을 정리할 수도 없었고, 모든 것이 혼란스러워졌다. 결국 그들이 남긴

걸 내가 물려받기로 했다. 내가 그집에서 살기로 하고, 모든 물건을 돈을 조금 치르고 넘겨 받았다. 내 입장만 생각하면, 쉽게 살림살이를 해결할 수 있었으니 괜찮았지만, 선교사들이 진실과 비자 때문에 그렇게 쫓겨나듯 나가는 건 참으로 가슴 아픈 일이었다.

그때는 비자뿐만 아니라, 모든 것이 어려웠다. 사실 비자 문제는 지금도 어렵다. 비자 연장만 해도 힘든데, 다른 일까지 어려우니 인도 선교는 이래 저래 쉽지 않았다. 예를 들어, 프로판가스를 연결하는 단순한 일도 인도에서는 쉽지 않았다. 그거 하나 하려면 몇 년씩 기다려야 했다. 그러니 내가 인도에 새로 가서 프로판가스며, 집에 관한 모든 걸 다 장만하려면 몇 년이 걸릴 판이었다. 그런 상황에서 문제가 쉽게 해결되는 상황이 된 것이었다. 임선교사 부부에게 생긴 일은 참으로 안타까웠다. 개인적으로는 미안하기도 했다. 하나님은 모든 것이 합력하여 선을 이루게 하시는 분 아니신가. 한쪽에 안좋은 일이 생기자, 그걸 그냥 팽개쳐두지 않으시고, 다른 사람에게 좋은 일로 뒤집어서 사용하셨다. 결과적으로 나로서는 에벤에셀의 은혜를 입은 셈이 되었다. 그 일이 생긴 것이 아마 기억으로는 1983년인 것 같다. 그때 임선교사에게 물려 받은 것을 지금도 쓰고 있다. 강선교사가 정직한 것은 좋았지만, 결국 피해가 여기저기 생겼다. 기도하면서, "하나님 이런 경우는 어떻게 해야 하나요?" 라고 물었던 기억이 난다. 그후로도 이민국에 갈 때마다 참 신경이 쓰인다.

2) 진짜 질서는 뭔가?

아주 옛날 이야기를 해보자. 1970년대 우리나라는 지금 시각으로 볼 때, 교통질서가 정말 없었다. 큰 길을 건널 때도, 건널목이 있거나 없거나 상관없었다. 사람들이 아무 곳에서나 길을 건너가기 일쑤였다. 그러고도 사고를 당하지 않으면 요행으로 여겼다. 다들 그러고 살았다.

나는 그 시절에 정동에 있는 문화방송국에서 탤런트로 일했다. 하루는 문화방송국에서 동양방송국에 단편 드라마를 녹화하러 가야 했다. 그곳을 가노라면, 늘 법원 앞길을 사용해서 덕수궁 돌담길을 걸어 동양방송국(TBC)으로 향하곤 했다. 그날도 여느 때처럼 그곳에 녹화하러 가는데 시간이 늦어서 걸음걸이가 조금 바빠졌다. 어쩔 수 없이 약간은 뛰듯이 걸었다. 시간이 없다보니, 보통 때와 다른 방법으로 가야겠단 생각이 들었다. 옛날 서울 모습에 대한 설명인지라 독자들 머리 속에 길이 그려질는지 모르겠다. 하여간 법원 골목을 지나서 동양방송국으로 들어가는 것이 일반적인데, 큰 길을 대각선으로 건너가면 조금 빠를 것이란 판단이 들었다. 나는 대각선으로 길을 뛰어 건넜다. 바로 이때였다. 교통순경이 호루라기를 불면서 나를 부른다. 나는 워낙 바쁘던 차에, 별일 아니겠거니 생각하고 그냥 방송국으로 들어가려고 했다. 그게 아니었던 거다. 순경이 큰 소리로 나를 부른다. 할 수없이 멈춰서서 뒤를 돌아보니, 길 옆에 새끼줄로 임시 감옥(?)을 만들어 놓고 그곳에 사람들을 잡아놨다. 알고 보니 나처럼 아무렇게나 길을 건너던 사람들을 붙잡아서 거기에 세워놓은 것이었다. 어쩌겠는가. 잘못 아닌 잘못을 했으니, 나도 그 안에 들어가서 서 있어야 했다. 낭패였다. 분장은 했지, 녹화시간은 다가오지, 정말 죽을 맛이었다. 생각해보니, 나만 그런 게 아니었다. 거기 갇혀 있던 이들은 하나같이 창피스러워 했고, 어찌할 바를 몰라 했다. 지나가던 행인들은 반강제로 갇혀(?)있는 우리를 보면서 웃기도 했다. 그 후로 나는 언제나 교통질서를 제대로 지키려고 애쓴다. 그런 창피를 또 당하지 않기 위해서라도, 그리 하는게 옳기 때문이다.

내가 인도에 가서 처음 느낀 것이 이 사건과 관련있다. 인도에는 제대로 된 교통질서가 전혀 없다. 그곳에서 일하는 선교사 차를 타고 함께 가면, 운전은 분명히 그가 하는데, 헛브레이크를 계속해서 밟는 건 내 몫이었다. 말도 안 되는 헛브레이크를 얼마나 세게 밟곤 했는지 모른다. 내가 발을 앞으로 내밀어 헛브레이크를 자꾸 밟은 가장 큰 이유는, 길 바닥에 차선이 있는 듯 하면서도 없기 때문이다. 차선은 나눠어 있지만, 그걸 지키는 차가 별반 없다. 심지어 많은 차들이 차선을 밟으며 간다. 오토바이나 삼륜택시가 그 사이를 비집고 들어오는 건 예삿일이다. 그러다 보니 어떤 때는 차들이 역주행하면서 같은 차선에서 서로 마주보고 달리는 경우도 생긴다.

인도에서는 움직이는 수단이 없으면, 선교를 하지 못한다. 차를 하나 구입한 이유다. 차가 생겼으니, 직접 운전대를 잡고 길거리로 나갔다. 갑자기 맞은 편에 버스가 나타났다. 내가 가는 길 반대 방향에서 버스가 오더니, 내 차 앞에 큰 덩치를 세우는 거다. 이른바 역주행이었다. 버스랑 부딪힐 순 없으니, 나는 거기 멈춰 서야 했다. 이런 상황은 정말 말도 안 되는 거였다. 백 번을 양보해서 버스가 정차할 때는 그리 했더라도, 사람을 태운 후에는 나를 비켜서 다른 차선으로 가는 게 상식적이다. 그날 나는 상식이 완전히 출장 간 상황을 거기서 맞았다. 버스 운전사가 나더러 비키라는 것이다. 당연히 나는 잘못이 없으니, 이 차선이 내 길이라고 버티고 있었다. 대치 상황이 계속되자, 사람들이 점점 모여들었다. 시간이 흘러서 결국 교통 경찰이 왔다. 이젠 살았다 싶었는데, 놀랍게도 경찰이 나더러 비켜 주라는 게 아닌가. 이 차선에서는 내 차가 가는 방향으로 차가 가는 것이 맞다고 교통순경에게 말했다. 그러니 버스를 비키게 하라고 소리를 높였다. 곁에 섰던 사람들이 한 마디씩 하기 시작했다. 그들 모두가 입을 모아 하는 말이, 내가 비키는 게 맞단다. 말도 안 되는 상황에 갇힌 나는 이런 경우가 어디 있느냐고 소리를 쳤다. 그렇지만 어찌하랴. 경찰도 거기 모인 사람들도 죄다 내 편이 아니었다. 결국은 내가 비켜야 하는 형편이 됐다.

지금도 그때를 생각하면 부끄러워진다. 이건 겸손으로 하는 말이 아니다. 현지 문화에 대한 이해에 관해 말하는 것이다. 당시에 나는 한국의 문화적 관습을 가진 사람으로서 교만이 가득했으며, 인도를 깊이 이해하지 못하는 어리석은 사람이었다. 인도 사람은 원래 그런 걸 크게 문제삼지 않는다. 지금도 거리의 교통상황은 엉망이지만, 그들에게는 아무런 문제가 없다. 잘못된 차선에 들어가면, 서로 비켜가는 걸로 그만인 게 그들의 질서다. 양보하면 아무런 문제가 없다고 생각한다. 우리가 볼 때는 혼란스럽지만, 길에서 교통사고가 나는 것을 지금까지 별로 보지 못했다. 길에서 서로 곤란한 상황에 처해도, 우리 나라 사람처럼 욕지거리를 퍼부으면서 소리치고 싸우는 일은 한 번도, 정말 한 번도 본 적이 없다. 지금까지 선교지에서 내 차선이니 길에서 비키라며 버틴 사람은 아마 역사상 나 하나 밖에 없었을 것이다.

그곳에 가서 선교한지 거의 40년이 흘렀다. 이 세월 동안 그들의 문화에 대한 나의 생각도 많이 변했다. 지금의 나는 인도 사람들이 일견 무질서함 속에서 질서를 지켜 나가는 모습을 존중한다. 따지고 보면 뭐가 질서인가? 오히려 법을 지킨다며 시끄럽게 구는 게 무질서한 것 아닌가? 인도에서 주행하는 차들은 대부분 낡았다. 차가 길 한가운데서 고장이 나 서 있는 일이 비일비재하다. 희한한 것은 그런 불편한 상황 때문에 불평하는 사람이 없다는 사실이다. 미리 좀 손을 보고 다니지 하는 말을 하는 사람은 나 밖에 없다. 솔직히 나조차도 그런 말을 겉으로는 못한다. 속으로 가만히 말할 뿐이다.

이런 일이 생기면, 그들은 단순히 불평하지 않는 것에서 그치지 않는다. 손을 모아 도움을 주기도 한다. 어느 날이던가, 내 차가 고장나서 길바닥에 섰다. 내 차나 네 차나 모두 고물이고 보면, 그런 일은 언제든지 또 누구에게나 생길 수 있다. 내 차가 서서 움직이지 못하자, 가던 차들이 모두 주변에 정차했다. 사람들이 차문을 열고 나오며 무슨 일이냐고 묻더니, 차 주변으로 모여 들었다. 좀 창피하기도 해서 가만히 있었더니 오히려 모여든 사람들이 차의 보닛를 열고 고장난 부분을 손보기 시작했다. 정말 놀라운 경험이었다. 어찌되었든 그들이 차를 고쳤다. 그런 문화 덕분에 나는 무사히 집으로 돌아올 수 있었다.

인도에 살면서 가끔 새끼줄 감옥에 갇혔던 옛날 일을 생각한다. 이곳의 무질서를 보면, 그때 생각이 나서 웃음 짓곤 한다. 예전에는 인도 사람들에게 그렇게 새끼줄 감옥을 만들어서 교통질서를 가르치면 어떨까 생각한 적이 종종 있었다. 지금은 전혀 아니다. 그들이 무질서하단 건 우리의 편견일 뿐이다. 무질서해 보이는 거리 풍경 속에서, 그들은 나름대로 질서를 가지고 산다. 서로 웃고 양보하는 모습이 오히려 진짜로 질서있고 좋다.

인도의 도로에서는 차가 막 달리다가, 번잡한 중앙거리에서 유턴 해도 아무도 뭐라고 하는 사람이 없다. 교통순경도 멀거니 그냥 쳐다보고만 있다. 그런 유턴이 옳은 것이라고 생각하는 사람은 인도에 아무도 없다. 그냥 잘못인줄 알지만, 아무도 탓하지 않을 뿐이다. 그래서인지 인도 교통부에서 도로에 중간 분리선을 확실하게 만든 적이 있다. 단순히 금을 긋고 색칠만 해 놓은 것이 아니라, 아주 담을 쌓 듯해서 양쪽 차선을 완전히 갈라놓았다. 그러자 이번에는 차들이 분리선을 허물고 아무렇게나 다닌다. 분리선 가운데를 뚫어서 차량이나, 오토바이는 물론이고, 심지어 자전거 조차도 아무 문제없이 잘 다닌다. 그렇다고 누가 뭐라고 하지도 않는다. 겉으로만 보면 정말 질서가 없다. 그럼에도 불구하고, 그 속에서 질서를 만들어 나가는 이들의 지혜(?)는 찬탄할 만 하다. 가끔은 그런 모습이 신기하고, 좋기도 하며, 인간 냄새마저 나서 좋다. 금을 딱 긋고 그걸 넘어가면 처벌하는 완전해 보이는 질서가 있다치자.

인간미가 전혀 없고, 조그마한 실수도 용납되지 않는다면, 과연 그게 큰 의미에서 올바른 질서인가? 조금만 잘못해도 서로 용납하지 못하고 큰 소리를 마구 퍼부어대는 한국을 보면, 질서란 것이 오히려 사람 머리를 아프게하는 거란 생각이 든다. 서로 막 대하면 문제가 생기는 게 당연하다. 그리되면 분위기 또한 살벌해지기 일쑤다. 이건 엄밀한 의미에서 보면, 질서가 아닌 거다.

질서를 지키지 말자는 이야기는 당연히 아니다. 질서는 있어야 한다. 또한 그걸 지키려는 노력은 선한 것이다. 다만 거기 용납과 이해 그리고 배려가 없다면 질서란 게 빛을 잃는다고 생각한다. 질서를 잘 지키는데다, 양보까지 하며 서로 이해하고 살면 어떨까? 하나님도 세상을 창조하신 후에, 온전한 질서를 만들어 놓고 지금껏 운행하신다. 어느 순간에 하나님께서 질서를 0.001도라도 비트신다면, 우주의 모습은 어떻게 될까? 이런 관점에서 보자면, 인도라는 나라 속에 자리한 무질서 속의 질서를 어떻게 설명해야 좋을지 모르겠다. 이게 하나님이 만드신 질서에 오히려 더 가깝단 생각이 드는 건 뭔지 모르겠다.

기왕에 언급했듯이, 거기서 살면서 흔한 교통사고 한 번 본 적이 없고, 질서를 안지켰다는 이유로 소리치며 싸우는 일을 경험하지 못한 게 참으로 신기하다. 오히려 그들의 질서를 깨뜨린 건, 정작 그 문화를 제대로 이해하지 못한 나였다. 그들의 무지함(?)을 고치겠다며 여러 번 목소리를 높였다. 지금 그런 일들을 생각하면 부끄럽기 짝이 없다. 나는 주변의 한국 사람들을 보면서, 질서는 커녕 아무 것도 아닌 일로 언성을 높이는 모습에 아연할 때가 많다. 한국에 가면 이들과 함께 정을 쌓고, 이해하면서 살아보자고 노력한다. 그런 생각이 마음에 차고 넘치지만, 그래도 잘 되지 않는다. 이건 내가 교만하기 때문인가? 아니면, 한국보다 인도에 더 익숙해져서 그런 건가? 알다가도 모를 일이다.

3) 그냥 밖에서 자자!

어린이집을 시작했다. 아이들을 돌보자니, 그들에게 침대를 주는 게 마땅했다. 생각 끝에 비용을 많이 들여서 이층짜리 침대를 주문하여 어린이집에 들여 놓았다. 아이들 한 사람, 한 사람에게 자리를 정해주고, 침대마다 매트리스를 깔고, 덮고 자게끔 이불도 주었다. 내가 침대에서 자면서 아이들에게 그냥 방바닥에서 자라고 할 수는 없었다.

아침에 일어나니 기절할 만큼 놀라운 일이 생겼다. 분명히 밤에 아이들을 침대에 눕혔는데, 아침에 보니 모두 마당에 나와서 자는 것 아닌가. 너무 놀란 나머지, 아이들을 수습해서 방으로 들어가게 했다. 원장이 말하니 아이들이 안으로 들어가긴 하는데, 행복하거나 감사한 낯빛이 전혀 아니다. 오히려 불만이 가득해 보인다. 나중에야 비로소 알았다. 이곳 아이들에게는 침대가 별 소용이 없었다. 잠을 자는 방도 그렇게 필요하지 않았다. 누구든지 그냥 홑이불처럼 덮고 자는 것 하나만 있으면 그걸로 만족이었다. 잠드는 곳도 어디든 상관없었다. 아무데서나 쓰러져 잔다. 아이들에게는 그게 너무 자연스럽고 편했다. 결국 우리 집에 있는 2층짜리 침대는 어디 세워둬야 할지 장소를 찾지 못하는

골칫거리 물건이 되고 말았다. 혹시라도 한국에서 손님이 오면, "우리는 아이들에게 침대를 줬습니다"라고 보여주는 치장거리 용도 외에는 마땅히 쓸 곳이 없었다.

그나마 아이들이 방에 들어와서 자는 때가 따로 있었다. 겨울에는 아이들도 방을 찾았다. 물론 겨울이라고 해서 영하로 내려가는 일은 없다. 워낙 더운 나라이다 보니, 섭씨 15도만 되어도 아이들이 추워서 벌벌 떤다. 그럴 때는 아이들이 방에 함께 모여 잔다. 방에서 자는 건 좋은데, 이러면 또 다른 문제가 생긴다. 아이들이 머리를 맞대고 자면, 머리 속의 '이'가 왔다 갔다하며 옮겨 다닌다. 결국 모든 아이들의 머리에 이가 득실거리는 걸 봐야 했다. 한 녀석을 붙들어 한참 머리를 빗기고 이를 잡아줘도, 밤이면 함께 머리를 맞대고 비비면서 자는 통에 낮에 한 수고가 무용지물이 되곤 했다. 아이들은 그게 아무 문제가 없는 모양이었다. 사실은 '이'가 옮는 게 좀 문제일 뿐, 그렇게 살을 맞대고 사는 것이 아이들에게는 너무 좋다. 인도 사람에게 인간미가 흐르고 서로를 이해하는 모습이 있는 게 이런 문화에서 온 듯하다. 그들은 개인주의로 살지 않는다. 공동체에서 함께 사는 삶을 그런 식으로 복닥대면서 배우는 것 같다.

이렇게 서로가 살을 비비고 산다는 것이 얼마나 아름답고 신기하고 재미있는지 모른다. 어느 집이나 식구가 많다. 내 식구들뿐만 아니라 사돈의 팔촌까지도 같이 한 집에 섞여 사는 경우가 너무 많다. 복잡하게 같이 살아도 그들에게는 불평이 없다. 미주 지역에서 인도 사람들이 사는 모습을 봐도 똑같다. 사는 장소가 미국이라고 해도 달라지지 않는다. 이건 인도를 이해한다면, 아무렇지 않게 금방 고개를 끄덕거릴 일이다. 손님이 와서 방이 부족하면, 마루나 집 한 구석에 대충 쓰러져 잔다. 누군가 잠결에 밟고 지나가도 불평하지 않는다. 이것이 좋다, 또는 나쁘다고 이야기 하는 것이 아니다. 다만 그런 환경에서 서로 이해하고 품어주고 사는 것이 좋단 이야기다. 그런걸 인도에서 배우는 것이 참으로 의미있다. 물론 나더러 그렇게 살라고 하면, 가능할는지는 모르겠다. 그걸 누가 하든 못하든 상관없이 이들처럼 얽혀서 함께 사는 모습은 좋아 보인다.

4) 교통 사고를 냈다

세금과 관련한 일로 뱅갈로에 갔다. 거기서 세무서에 제출할 장부를 밤새워 정리하고, 크리시나기리로 돌아왔다. 무사히 도착했으면 좋으려면, 돌아오는 길에 스쿠터와 접촉사고를 냈다. 다른 사람은 별 문제가 없었는데, 스쿠터 뒤에 타고 있던 나이 드신 분 발목이 부러졌다. 어찌 되었던지 사고가 났으니, 다친 사람을 병원에 입원시키고, 가드윈씨에게 전화를 해서 교통사고가 났단 사실을 알려줬다.

이런 일이 흔한 게 아니니, 두렵고 떨리는 마음을 달래느라 힘들었다. 조금 후에 가드윈씨가 병원으로 뛰어와서 뒷정리를 했다. 병원 문제도 해결해야 했지만, 더 중요한 건 법적인 문제였다. 자초지종을 들은 가드윈씨가 의견을 냈다. 교통사고를 내가 냈다고 하지말고, 대신 우리 버스 운전자 가운데 하나에게 책임을 넘기자고 했다. 너무 무섭다보니, 처음에는 그런 말이 감사하게 들릴 지경이었다. 하지만 그건 해서는 안 될 일이었다. 당장 편하게 무서운 사건을 넘길 수 있을지 몰라도, 선교사가 할 일은 전혀 아니었다. 만일 이 건을 그런 식으로 해결하면, 앞으로 진정한 권위는 사라질 것이고, 거짓된 모습으로 위장해야 할 것이었다. 그런 모습으로 사람들을 대할 순 없었다.

그곳 문화에 익숙한 가드윈씨의 제안은 고마웠지만 그걸 따라갈 순 없었다. 그런 해결 방식은 받아들이기 힘드니, 곧 죽어도 내가 했다고 하겠노라 했다. 재판이 열렸다. "하나님께 이것을 맡깁니다" 기도하고는 재판정에 섰다. 재판장이 통역을 돕는 가드윈씨에게 물었다. 왜 다른 사람이 사고냈다고 하면 될 것을 직접 집안 어른을 나오게 했느냐고 한다. 말하자면 이게 인도 문화였다. 돈 있고, 높은 계급 사람이 사고를 내면, 보통 낮은 계급 사람이나 종들 중 누군가 책임지고 대신 감옥에 가는 것이 상례였다.

가드윈이 차분히 설명했다. 안그래도 우리 운전자 중에서 하나를 선택해서 대신 재판을 받게하자고 제안했는데, 이분이 거부했다며 설명했다. 이런 말을 들은 재판장과 법정에 나와 있던 사람들이 모두 놀랐다. 이게 맞는 일인데, 그들이 놀라는 것을 이해하기 힘들었다. 나중에 들으니, 언급했듯이 다른 사람이 대신 책임지고 벌받는 게 일반적인데, 그걸 하지 않겠단 사람을 보고서 놀랐던 것이다.

진짜 희한한 일은 그 다음에 생겼다. 재판장이 나더러 책임을 묻지 않을테니, 그냥 가란다. 감동을 받은건지, 아니면 뭔지, 물어보지 않아서 이유는 모른다. 다만 그가 좋은 의미로 충격을 받은 것만은 분명했다. 뭐 이렇게 싱겁게 끝이 났을까? 이 일이 지금도 크리시나기리에서 가끔 화제가 된다고 한다. 사람들이 내가 그렇게 한 건, 예수님을 믿어서 그렇다고 말들을 한단다. 나는 비록 큰 실수를 했지만, 하나님은 그걸 통해서도 영광을 받으신다.

5) 또 다른 재판 이야기

지금은 학교에 통학 버스가 무려 9대나 있다. 처음에 전세집에서 시작한 조그마한 학교가 이렇게 성장한 것이 믿어지지 않는다. 성장한 건 좋지만, 그렇다고 항상 모든 게 좋은 건 아니었다. 덩치가 커지면 복잡한 문제도 같이 따라오는 법이다.

통학 버스 조수를 하는 사람 가운데 '찬드라'가 있었다. 그가 일만 잘하면 좋았을텐데, 우리 학교에 대해 이상한 소문을 퍼뜨리고 다녔다. 듣기 조차 민망한 이야긴데, 우리 집 여자 아이들이 모두 남자들과 좋지 않은 관계를 맺었다는 것이다. 알다시피 우리 집에 견습 선교사들이 있었다. 그들과 여자 아이들이 그런 행동을 한다는 요상한 이야기였다. 말도 안 되는 음해를 하는 사람을 그냥 둘 순 없어서, 그를 해고했다. 그랬더니 찬드라가 또 다른 소문을 냈다. 자기가 예수님을 믿지 않겠다고 했더니, 내가 해고했다는 것이다.

이 말을 들은 힌두교 정당(BJP) 사람들이 찬드라를 꾀어서 나를 고

소하게 만들었다. 나중에 알고보니 정당한 이유없이 종교 문제로 멀쩡한 직원을 해고 했다는 것이 고소의 변이었다. 가드윈씨가 변호사를 선임하고, 나를 재판정에 가도록 했다. 그때의 심정을 누가 알 수 있을까? 재판정에 나가 앉을 때까지만 해도, 뭐가 고소 이유인지 몰랐다. 하여간 가보니 거기 찬드라가 나와 있었다. 고발장을 보니 앞서 잠깐 말했듯이, 자기가 예수님을 영접하지 않았단 이유로 해고됐단 내용이었다.

나는 그런 이유로 그를 해고한 일이 없다고 말했다. 해고를 한 건 사실이었지만, 그런 이유는 절대 아니었기 때문이다. 재판은 한 번으로 끝나지 않았다. 두 번째에도 비슷한 공방이 계속되었다. 세 번째 불려갔을 때 뭔가 달라졌다. 찬드라가 고소를 취하겠다는 것이다. 날 고소해서 재판하고 있는 동안에 다른 일을 할 수 없단 게 이유였다. 재판 기간이 길어지면서, 찬드라에게 생활고가 왔다. 찬드라를 도와 준다고 꼬드겨서 고소하게 만든 힌두교 정당 사람들은 나몰라라 하고 있었다. 찬드라는 상황이 그리 되자, 고소를 취하하고 직장을 가져야겠다고 말했다. 재판장은 그에게 여기서 멈추지 말고 대법원에까지 올라가라고 권했다. 초록은 동색 아니던가.

놀랍게도 찬드라는 고집을 세웠다. 더 이상 재판하는 게 싫다고 했다. 찬드라가 계속 그렇게 주장하자, 어쩔 수 없단듯이 재판장이 나에게 "그에게 다시 자리를 주고 채용하던지, 아니면 얼마간 보상비를 지불하라"고 말했다. 나는 어디서 그런 용기가 났는지 모르겠다. 그 자리에서 재판장에게 "왜 내가 그를 다시 채용해야 하나? 왜 그에게 보상비를 줘야하냐?"고 담대하게 말했다. "재판장은 나에게 그런 것을 요구할 아무 권한이 없지 않은가? 나는 고소를 당한 이유도 모르는데, 왜 내가 돈을 지불하고 직장을 다시 주어야 하느냐?"고 큰 소리로 대꾸했다. 법원 창문에 매달려 이 일을 구경하던 많은 사람이 놀랐다.

결국 고소는 취하되었고, 나는 아무 일 없이 돌아왔다. 찬드라는 나쁜 사람이니 그냥 내버려 두어도 상관 없었다. 하지만 그가 생활이 어렵단 말을 들으니, 마음이 좋지 않았다. 그를 데려다가 생활비를 좀 주고, 다시는 그런 말을 하고 다니지 말라고 엄중하게 꾸짖었다. 그가 정직한 사람이 되어 지금 살고 있다면, 얼마나 좋을까.

6) 샤스뜨리나갈 이야기

아주 오래된 일이다. 인도 시골을 돌면서 야간 학교를 할 때였다. 이곳저곳을 다니면서 본 인도 사람들의 경제 상황은 한 마디로 참담했다. 사스뜨리나갈이라는 동네에 갔다. 한 바퀴를 도니, 아이들이 모였다. 모든 아이들 몸집이 너무 작았다. 그중의 한 아이는 8살이라고 하는데, 실제로는 4살이나 됐을지 의심이 갈 정도였다. 함께 갔던 라니모세 사모님이 부모에게 이유를 물었더니 아이가 좀 아파서 그렇긴 한데, 어디가 문제인지 모른단 대답이 돌아왔다.

생각 끝에 아이를 이로드에 있는 병원에 데리고 가서 입원시켰다. 결과를 받아보니 문제가 심각했다. 영양부족은 말할 것도 없고, 회충이나 요충뿐 아니라 흙에서 온 벌레들이 몸에 가득했다. 무려 3개월 동안 입원 치료를 받자, 아이가 다시 살아났다. 그동안에 살이 좀 오르고 얼굴색도 많이 변한 걸 보니, 정말 감사했다. 퇴원을 해서 아이가 집에 갔는데, 실상 그때부터가 문제였다. 그 아이의 집은 아이를 잘 먹일 수 없는 형편이었다. 따지고 보면, 이런 일은 아주 흔했다.

그런 상황에 놓인 모든 사람에게 먹을 걸 제공하는 건 역부족이었다. 어떻게 해야 할지 몰랐지만, 사람이 살길이 있어야 하니 쉽게 포기하지 못했다. 그만큼 안타까웠다. 나는 주님께 이것을 어떻게 해결하면 좋겠냐고 울부짖었다. 생각 끝에 헌금이 들어오는 대로 염소를 사서 한 집에 두 마리씩 주었다. 염소를 잘 키워서 젖을 생산해 먹을 문제를 일단 해결하라고 했다. 염소가 성장해서 새끼를 낳게 되면, 그때부터 한 마리씩 갚으라고 했다.

이렇게 해놓은 후 얼마간 시간이 지났다. 그곳에 다시 들러 상황을 알아보니, 염소가 없어졌다는 거다. 뭐가 어찌 된 건지 알아보니, 사실은 없어진 것이 아니고, 염소를 팔아서 양식을 사먹었노라고 한다. 하기야 염소가 자라서 젖을 낼 때까지 기다리는 게 쉽지 않았을 거다. 아무리 애를 써도, 애초에 계획했던 것이 이런 식으로 도루묵이 되기 일쑤였다. 별 뾰족한 방법이 없었다. 시간 날때마다 한 번씩 찾아가, 동네에서 밥을 해서 한 끼 잘 먹이는 것 외에는 다른 도리가 없었다. 장기적인 계획이라는 것을 구상하고 실천하기에는, 상황이며 모든 것이 역부족이었다.

엎친 데 덮친다고, 그런 상황에 가뭄까지 들었다. 비가 오질 않으니,

하다 못해 파먹을 풀 뿌리 하나 없었다. 내가 할 수 있는 일이 있다면, 우물을 파는 것 밖에 없었다. 동네 사람을 고용했다. 밭이 있는 사람들에게 말해서, 그들이 가진 땅에 우물을 팠다. 물이 나오면 같이 마시도록 했다.

정부의 손이 그런 시골까지는 미치지 않아서, 아무리 애를 써도 통 앞이 보이지 않았다. 뿐만 아니라 기독교인이라고 하면, 나라에서 우물 팔 돈을 대출해주지 않는 형편이었다. 사람들이 예수를 믿겠다고 나섰다가도, 다시 힌두교로 전향하는 상황이 벌어졌다. 정부에서 다시 힌두교로 돌아가면, 우물 팔 자금을 대출해주겠다고 말했기 때문이다. 힌두교 전향자에게 대출이 가능해지자, 애써 전도한 사람 대부분이 힌두교로 다시 돌아갔다. 그들은 우선 먹고 살아야 하지 않겠냐고 말했다.

이런 판국에 나도 자신 있게 그들에게 믿음을 강요하기 힘들었다. 그렇다고 힌두교로 돌아가는 사람들을 내버려둘 수도 없었다. 할 수 없이 후원자들에게 사정을 이야기하고, 우물 팔 수 있는 헌금을 보내달라고 부탁했다. 후원자들이 보낸 헌금이 와서, 그 돈으로 우물을 팠다. 거기서 나온 물을 마시고 사람들이 목숨을 이어 갔으며, 농사도 조금씩 짓게 되었다. 이런 노력 끝에 동네 사람들이 풀죽이라도 먹을 수 있는 형편이 되었다.

상황이 조금씩 나아지는 상황에서, 마침 나라 정책도 변하기 시작했다. 전체적인 정책이 변하자 경제가 완만하게라도 살아나는 조짐이 생겼다. 지금까지 경제 발전을 저해하는 것을 알면서도 고집스럽게 집착하던 인도 정책이 달라진 것이었다. 그때까지는 인도에서 사업을 하려면 파트너가 있어야만 했다. 그래야, 외국 자본을 인도에 가져오는 게 가능했다. 나는 사업을 잘 모르니, 그리 된 정황은 깊이 모른다. 다만 사업 지분 싸움 때문에 그동안 외화 자본이 들어올 수 없었고, 외국인이 투자한 사업이 지지부진했단 건 안다. 따지고 보면 샐버라지가 못된 마음을 먹었던 것도, 그런 정책 기조에 연유한 거였다. 하여간 그런 이유로 사업 자체가 형성되지 않았는데, 1992년에 정부가 외국 자본가들이 독자적으로 사업을 하도록 규제를 풀어줬다. 다른 말로 하면, 파트너 없이도 외국인들이 자기 자본으로 사업을 할 수 있게 되었단 거다.

이렇게 되지 상황이 변했다. 외국 자본이 들어와 공장을 짓고 현지 사람을 고용하기 시작했다. 회사에서 사람을 뽑을 때에, 외국인은 인도의 전통적인 계급을 상관하지 않았다. 어떤 계급이던지 조금이라도 일할 기운이 있는 사람은, 일을 얻게 되었다. 이렇게 되자 이야기가 많이 달라졌다.

알다시피 인도에는 완강한 계급제도가 존재한다. 자신과 상관없이 선대로부터 내려온 역사와 문화가 하층 천민들을 무기력하게 굴복하도록 만들었다. 천민들은 미천한 신분으로 사는 것을 당연하게 받아들였기 때문에, 어떤 면으로도 스스로를 발전시키려는 노력을 못하고 살았다. 이것이 그들이 살아오면서 받아들인 운명이었다. 그런데 외국 자본이 들어오고 공장이 서면서 공장에서 일할 사람을 찾기 시작했다. 인도 회사가 아니기 때문에, 하층민들도 두려움 없이 외국 회사에 지원했다.

물론 모든 하층민이 그랬던 건 아니다. 그들 가운데 일부 용기있는 사람들이 외국 회사에 지원하기 시작했다.

용기 있는 소수가 공장에서 일하고, 월급을 받기 시작했다. 그들은 시간이 흐르면서, 귀하다는 선풍기도 사고, 자전거도 구입했다. 삶이 달라지기 시작한 것이다. 이걸 보면서 사람들이 서서히 깨어나기 시작했다. 높은 계급에 있는 사람들 눈치를 여전히 보지만, 그래도 계급의 운명에서 벗어나려는 시도를 하는 사람들이 늘어났다.

인도의 네 계급 가운데 가장 낮은 것이 수드라(Shudras)다. 그들의 말에 의하면, 수드라는 발바닥 계급 또는 불가촉 천민이다. 이들은 대부분 높은 계급에 종속되어 하인이나 잡부로 일했다. 오랫동안 그리 산 탓에, 거기서 벗어나려면, 아주 많은 용기가 필요했다. 다행히 용기를 내서 높은 계급의 손길에서 벗어난 천민들은 손에 몇 푼씩이나마 쥐게 되었다. 외국회사가 하층 계급 사람에게 얼마를 지급했든지 상관없이, 그건 그들에게 엄청난 돈이었다. 액수와 관련없이 그 돈은 그들에게 상당히 후한 것이었단 이야기다.

돈을 벌게 되자, 그들은 결혼해서 가정을 이루었으며, 자녀를 낳아 학교에도 보내기 시작했다. 어느 사회든지 용기와 개척정신이 있는 사람은 좀 다르다. 인도에서도, 하층민 가운데 용기있는 사람들은, 계급과 상관없이 영어라든가 다른 뭔가를 배우려고 애썼다. 이런 사람들이 외국인 회사에서 사무직으로 고용되었다. 다른 이들이 이걸 보자, 생각이 달라졌다. 교육에 대한 열망이 생긴 것이다. 그동안은 공부가 별 의미없었지만, 이제는 공부하면 달라진다는 소망이 생겼다.

　우리 학교는 이런 상황에 발맞춰 가난한 사람의 자녀를 키우고, 그들에게 교육의 기회를 제공했다. 그들에게 교육 받기를 강력히 권하고 용기를 주려고 힘썼다. 영어라고는 들어보지도 못한 사람의 자녀라도, 유치원에서 받아 영어를 가르쳤다. 이들이 자라면서 더욱 큰 용기를 가지고 열심히 공부하고 일하기 시작했다. 당연히 그들 스스로 삶을 새롭게 개척하기 시작했다. 뿐만 아니라 아이와 부모에게 예수 그리스도를 전파했다. 이것이 나의 본분이었으니, 더 말해 무엇하랴.

　이들의 종교성은 대단해서 예수님을 영접하게 하는 일 자체는 그리 어렵지 않았다. 오히려 너무 쉬웠다. 그런 까닭으로 말씀을 전하면 누구나 편하게 예수님을 영접했다. 그렇지만 심각한 문제가 있었다. 예수님을 많은 신 가운데 하나로 인정하는 건 대단히 쉽지만, 오직 그분만을 구세주로 영접하는 일은 너무 어려운 일이었다. 그들의 사고방식으로는 이해조차 되지 않는 일이었다.

　첫 술에 배부른 법은 없다. 힘들었지만 좋은 시작이라고 생각했다. 자기들이 믿어오던 신에 보태, 또 하나의 신으로 예수님을 생각할지라도, 우선 예수님을 소개하는 것이 너무 중요했다. 예수님에 관해 말할 때는 절대 다른 신에 대한 이야기를 하지 않았다. 오로지 예수님만 소개했다. 때가 무르익어서, 말을 알아듣는 지각이 생기면, 기독교에 관해 자세히 설명하겠다는 계획을 세웠다. 나는 하나님께서 이런 계획을 허락하셨다고 믿는다. 계획을 세운대로 실행한지 30-40년이 되자, 열매가 생기기 시작했다. 그들이 예수님을 유일한 구세주로 영접하는 열매를 눈으로 확인한다. 이걸 보면서 뜨겁게 주님께 감사를 드린다. 주님은 어떤 방법으로든지 역사하신다.

수드라(Shudras) 계급을 위해 사역했던 울랄(Miss Ullal)이란 영국 선교사가 있었다. 내가 이로드에서 어린이집, 말하자면 고아원 사역을 시작한 게 1985년이었다. 그때 그분은 이미 25년간이나 이곳 인도에서 사역해오던 터였다. 수드라 계급 사람이 그분의 선교 대상이었다. 그분 역시 어린이집 같은 종류의 사역을 하고 있었다. 내가 이 일을 시작하자, 그분이 나에게 수드라 계급에게 인정을 베풀지 말라고 조언했다. 어린이집을 아예 시작하지 않으면 더 좋다고 했다. 이유를 물었더니, 수드라 계급 사람은 감사를 모른단 것이다. 무려 25년이란 긴 세월 동안 쌓인 그분의 실망은 이루 말하기 힘들만큼 컸다. 거기서 많은 아이들이 혜택을 입고 자라서 나갔지만, 감사도 없고 오히려 모함하는 일이 더 많았다고 한다. 그분의 말씀을 듣고 배운 것이 있었다. 결과를 기대하면, 실망이 크단 사실이었다. 나는 그저 할 일만 하고 결과는 하나님께 드리기로 했고, 보상심리를 가지지 말잔 생각이 들었다. 달리 다른 방법이 있는 건 아니어서, 그런 마음을 갖게 해달라고 기도했다. 지금에 와서 이렇게 고생하며 시간을 보내고 나니, 그분의 말이 이해되는 부분도 있다. 참으로 실망한 경우가 내게도 많았기 때문이다. 그렇긴 하지만, 그동안 들은 이야기도 있고, 또 보상심리를 없게 해달라고 기도해왔으니, 힘들어도 견디는 게 마땅하지 않겠는가.

내가 실망했던 일을 하나 소개하자. 마을에서 아기가 태어났다. 아이 이름을 바나바스(Barnabas)라고 내가 직접 지어줬다. 부모가 아이를 키우지 못한다고 해서, 젖 떨어지고 두 살 됐을 때부터 데려다 키웠다. 초등학교부터 대학교까지 마치도록 키워 주었다. 신학교에 간대서, 그 공부 역시 다 하도록 해줬다. 공부도 잘했고, 여러 가지 면에서 우수한 아이였다. 하나님께서 우리 선교지 일을 도울 사람을 주셨다고 생각했다.

어느 날 실망스런 일이 생겼다. 좀 더 좋은 조건으로 부르는 곳이 생기자, 아이가 그만 그리로 가 버렸다. 솔직히 말하면, '키워놨더니 가버렸네'라는 생각이 왜 안들었겠는가? 그렇긴 하지만 마음을 다잡았다. 이제는 그가 어디서든지 주의 일에 힘쓰는 사람이 되길 기도한다. 아이의 눈을 잡아당겼던 더 좋은 조건이 과연 무엇이었을지 궁금하기도 했다. 주님께서 아시지 않겠는가? 나는 지금까지 오로지 그분이 맡기신 일을 했을 뿐이고, 결과는 주님이 알아서 하실 것이라고 믿는다. 이런 일로 길게 생각하고 낙심할 순 없었다. 앞으로도 기도한대로 그저 주님께서 모든 것을 맡아 주관하실 줄로 생각한다.

불가촉 천민을 위해 헌신하면서, 그들로부터 감사하다는 말을 굳이 들어야 하는 건 아니다. 그걸 듣고 못듣고를 떠나서, 이들은 감사하다는 말을 쉽게 하지 못하는 문화적 배경을 가지고 있는 게 문제였다. 힌두교 신앙이 이들로 하여금 남에게 감사하다는 말을 하지 못하게 만든다. 힌두교는 소승 불교의 뿌리다. 당연히 힌두교를 믿는 사람은, 선을 많이 쌓으면 니르바나(Nirvana/천국)에 간다고 믿는다. 이쯤 되니, 내가 자기들을 돌봐준다 해도, 그게 오히려 그들이 내게 좋은 일을 하는 거란다. 내가 선한 일을 할 수 있는 기회를 자기들이 주었으니, 오히려 내가 감사해야 한다는 요상한 논리다. 힌두교를 떠나서 오히려 기독교 신앙으로 받아들인다면, 그 말이 맞을지도 모르겠다. 그들이 이렇게 가난하고 헐벗지 않았으면, 내가 선교사로 일할 기회가 아마 없었을테니 말이다. 그들의 논리가 말이 되는지 어떤지 모르겠지만, 그저 그렇게 생각하고 말자며 스스로 위로하며 지금껏 일해왔다.

따지고 보면, 바나바스(Barbanabs)만 그런 게 아니었다. 아이들을 100명 넘게 헌신적으로 키웠지만, 감사하다고 말하고 나간 아이는 단 하나도 없었다. 학교를 졸업한 후에, 이곳을 방문하는 아이들도 없다. 간혹 돈이나 직장이 필요하다며 부탁을 하러 찾아온 아이들은 있었다. 부모들이 오는 경우도 있었지만, 그것도 자녀들 공부 시켜 달라는 이야기를 하러 오는 게 전부였다.

무소식이 희소식이란 말은 우리 선교지 상황을 두고 하는 말인 것 같다. 어쩜 그 말이 여기 그리도 잘 맞는지 모르겠다. 사실 어떤 아이가 찾아 왔다고 하면 겁부터 먼저 난다. '무슨 큰 일이 있는 걸까' '잘 살면 오지 않는데 무슨 일일까' 하는 걱정이 먼저 앞서기 때문이다. 이것도 내가 감당해야 하는 문제인지는 모르겠다. 혹시 내가 그들을 잘못 가르친 건 아닌가? 예수님은 그들 마음속에 계신가? 이런 질문이 다 성장한 아이들을 보면 문득 찾아온다. 자라면서 그렇게 성경공부를 열심히 하고, 기도하며 성령으로 거듭났다고 좋아했던 아이들도 마찬가지다. 아이들 속에 예수님이 계신건지, 오히려 내가 잘못 가르친 게 아닌지 하는 의심이 나의 가슴을 두드린다. 결국 내가 할 일은 아이들의 생애를 바라보며 기도하는 것 밖에 없다. 오늘도 주님께서 그들을 찾아가 주셔서 좌정하시기를 바랄뿐이다.

7) 이로드 이야기

함께 일할 사람이 없어서 고생한 적이 많았다. 지금 생각하면 그런 상황이 오히려 다른 이들과 서로 마음을 나누는 좋은 기회가 되었다.

이로드(Erod)라는 곳에서 처음 어린이집을 시작했다고 이미 언급했다. 거기서 있었던 일이다. 우리 집에 브라만 계급의 남자 조리사가 있었고, 집안 일을 하는 낮은 계급 사람이 둘 있었다. 어느 날, 며칠 동안 물이 나오지 않아 온 집안이 엉망이 되었다. 상황이 그러니, 사람들이 제대로 씻지도 못했다. 정말 며칠 만에 물이 나오는데, 일이 엄청나게 밀려있었다. 집안 청소며 빨래며 할 일이 얼마나 많았겠는가? 온 식구들, 심지어 아이들까지 신이 나서 청소며 빨래를 도왔다. 다들 일하느라 바쁜데, 브라만 출신 조리사만 뒷짐을 지고 아무 것도 하지 않았다. 그에게 언제 또 물이 끊어질지 모르니, 서둘러서 함께 일하자고 했더니, 자기는 브라만이기 때문에 그리하지 못한다고 했다. 브라만이고 뭐고 물 나올 때 같이 일 좀 하자고 아무리 부탁해도 거절했다. 화가 난 나는 그에게 냅다 소리를 질렀다 "브라만이면 템플에 가서 사두(힌두교 예배자)나 하지 왜 여기서 조리사로 일하느냐?" 이런 말을 듣더니, 그가 일을 그만두고 나가겠단다. 당장 나가라고 했더니 정말 나갔다. 그날 저녁부터가 문제였다. 누가 요리를 한단 말인가? 걱정이 한가득인데, 아이들이 그런다. 까짓 것, 우리가 함께 밥을 해먹자는 것이다. 어리디 어린 아이들이 그렇게 일을 잘하리라곤 상상하지 못했었다. 모든 아이들이 마치 한 손처럼 서로 도와서 밥을 했다. 브라만 조리사가 없어도 아무런 문제가 없었다.

1992년 어느 날이었다. 한인 교회를 돌보느라고 마드라스(현재 첸나이)에 가 있었는데, 전화가 왔다. 전화기를 들어보니 병원의 어떤 간호사가 전화를 한 거였다. 빨리 좀 와달라고 해서 해서 갔더니, 태어난지 3일된 아기를 보여주었다. 아기가 내일이면 팔려서 힌두교 성전에 산 제사로 드려질 것이라는 놀라운 사실을 알게 되었다. 아이 어머니가 100루피(당시에 10불정도)에 자식을 팔거라면서, 우리가 150루피주고 그를 사면 어떻겠냐고 하는 거다. 정신이 번쩍 났다. 당장 얼마를 주더라도 아기를 사겠다고 했다. 아이 엄마는 우리가 150루피를 준다고 하니, 금방 아기를 내어 주었다. 아이를 데리고 이로드 어린이집으로 내려왔다. 아이는 금방 어린이집의 마스코트 같은 존재가 되었다. 모든 식구가 좋아했다. 아이 이름을 '크리스트아난다'(Christananda / 그리스도의 기쁨)로 지었다. 이름을 줄여서 '아난다'라고 불렀는데, 온 식구가 공부는 안하고 아이에게만 신경을 쓸 정도였다. 어린이집에 남자 아이들이 무려 39명이 살았는데, 아난다는 이들의 사랑을 듬뿍 받았다. 아이가 자라면서도 마찬가지였다. 특히 사감인 엘리스가 그를 친 자식처럼 키웠다. 웬만한 집의 아이들은 맛보기도 힘든 맛있는 음식을 먹이고 잘 입혔다.

세월이 흘러 아이가 7학년이 되었다. 이로드에 세운 어린이집은 셋집이었는데, 그즈음에 주인이 집을 비워달라고 했다. 별 수 없이, 남자 어린이집을 옮겨야 했다. 이미 크리시나기리에 있던 여자 어린이집으로 이사가서 함께 살기로 했다. 이로드 어린이집이 크리시나기리로 옮겨가자, 그곳이 남녀 공동 어린이집이 되었다. 아난다도 물론 우리를 따라 크리시나기리 어린이집으로 옮겼다.

나는 아난다가 갈 곳 없는 상태이고, 우리와 함께 살지 않으면 다른 방법이 없다고 생각했지만, 그건 착각이었다. 나중에 알았지만, 이로드에서 학교를 다닐 때부터 이미 아난다는 친엄마와 만나곤 했던 모양이다. 엄마라는 사람이 당당하게 10학년이 끝나면 아이를 데리고 가겠단다. 물론 아난다의 친엄마이지만, 갓난아이 때부터 그와 함께 산 우리는 어이가 없었다. 속은 상했지만, 생각 끝에 아난다를 친엄마에게 보내기로 했다. 당시 아난다는 엄마와 어린이집 사이에 끼어서 이중 생활을 하는 것이나 다름 없었다. 사람을 속이고 어정쩡하게 사는 것 보다는, 친엄마에게 보내서 가족과 함께 살게하는 편이 좋을 것 같았다. 공부를 다 하면 보내겠다고 했지만, 아난다가 그냥 떠나겠다고 해서 생각보다 빨리 아이를 보냈다. 참 마음이 아팠다. 공부를 더 시키고 싶었던 데다, 함께 산 정이 깊었기 때문이다. 한편으론 엄마와 그렇게 만나면서 우리를 속인 것이 괘씸하기도 하고 화도 났지만, 제 핏줄이니 어찌하겠는가. 그저 마음을 달래는 것 외에 다른 방법이 없었다.

이로드 거리에 버려진 아이들이 제법 있었다. 그런 아이들이 어린이집에 오는 경우가 있었다. 경찰이 아이들을 데려 오기도 하고, 내가 시내를 다니다가 만나서 데리고 오기도 했다. 아이들이 어린이집에 오면, 일단 잘 먹고 잘 지냈다. 잘 지내는가 싶어서 두고보면, 몇 일 후에는 아이들이 사라진다. 이유를 알 수 없어서 그들을 찾아 시내로 경찰서로 돌아 다녀야 했다.

사라진 아이 하나를 길거리에서 만났다. 집에서 나간 이유를 물어보니, 규율이 너무 심하단다. 제 시간에 일어나야 하고, 학교 가야 하며, 새벽부터 예배요, 저녁에도 예배가 있어서 자기하고 맞지 않는단다. 앞으로 어떻게 먹고 살려고 하느냐고 물었더니, 길거리에서 구걸하면 얼마든지 먹고 산다고 한다. 그렇게 자유롭게 자고, 자유롭게 먹고, 놀고 싶을 때 노는 게 훨씬 좋단 이야기였다. 어디서 자는지, 먹는 건 괜찮은지 물어봤자 아무런 소용이 없었다. 춥지 않으니 아무데서나 자면 되고, 식당 근처에서 버리는 것 먹고, 돈 얻으면 영화 구경가면서 사니 아무 문제가 없단다. 어떤 면에서는 그렇게 사는 것이 아이에게 즐겁고 행복한 것인지도 모르겠다. 아이 왈, "장래를 생각하고 공부해야 하는 힘든 일을 왜 하느냐?"고 말했다. 뭐라고 답을 해 줘야 할까? 이런 생각을 가진 아이에게는 예수님의 이야기가 제대로 들리지 않는다. 말을 들으려고 해야 이야기를 할텐데, 아예 귀를 막았다. 별 수가 없었다. 필요

이로드 어린이집의 원생들

하면 집으로 언제든지 찾아오라고 했다. 그후 얼마 지나지 않아 우리는 먼 곳으로 이사해야 했다. 아이들이 어떻게 됐는지 가끔은 궁금하고, 또 가끔은 그들을 위해 기도한다.

이로드 어린이집 아이들은 항상 배가 고프다고 했다. 서정운 교수님이 이곳 이로드 어린이집에 오셨을 때 이런 말씀을 하셨다. "아이들이 자유가 없어서 배고프다 그럴 수 있다." 처음 듣는 이야기지만 그럴 것도 같았다. 사람은 누구나 자기가 먹고 싶을 때 먹고, 자고 싶을 때 자야 한다. 그럴 수 있는 자유가 있으면 얼마나 좋겠는가? 이곳 어린이집은 운영상 그렇게 하지 못한다. 자기 집에서 부모와 함께 자라는 아이들처럼 하지 못하는 건 어쩔 수 없는 일이다. 공동 생활을 하면서 질서를 연습하여 배우고, 함께 사는 것을 익혀야 한다. 아이들이 거리에서 아무렇게나 살던 습관 때문에 이런 생활에 적응하는 것이 쉽지 않았을 거란 생각은 든다.

그럼에도 불구하고 대부분 아이들은 참 잘 자랐다. 성장해서 학교를 졸업하고, 각자 자기 일을 하며, 가정을 이루고, 자녀를 두었다. 그들 중에 어린이집에서 자란 내 두 아들은 기특하게도 자기 아이들을 우리 학교에 입학시켰다. 가슴으로 낳은 아들의 아들이 기숙사에 들어와서 공부한다. 하나님이 허락하신 귀한 행복이다.

이로드는 진짜 후덥지근했다. 밤에 잘 때도 잠옷이 땀에 흠뻑 젖을 정도였다. 덥긴 했지만, 나는 어릴 때부터 살아온 관습대로 방에서 잤다. 누구든 사람은 방에서 잠을 자야 한다고 알았고, 나 역시 그리 했다. 이런 나의 고정 관념이 흔들린 때가 있었다. 어린이집에서 아이들과 함께 살 때였다. 내가 방에서 자니, 아이들도 방에서 자는 게 마땅하다고 생각했다. 그런 까닭으로 나는 아이들을 방에서 재웠다. 그들의 생활터전이 방이어야 하고, 거기서 하루가 시작되어야 한다고 생각했다.

아이들이 저녁 공부를 마치면, 방으로 들여보내 거기서 자게 했다. 방에서 자도록 요와 가볍고 얇은 이불을 마련해 준 것도 당연했다. 아이들은 처음에는 어쩔 수 없었는지, 방에서 잤다. 며칠이 지나고 나니, 아이들이 달라졌다. 어느 정도 나와 익숙해지고 가까워졌다고 생각했는지, 바깥 나무 밑에 침대를 가져다 놓고, 나더러 거기서 자란다. 밖에서 자는 것이 쉽지 않았고, 모기도 걱정이어서 싫다고 했더니, 모기장까지 쳐놓고 밖에서 꼭 하룻밤만 자 보란 거였다. 사감인 엘리스가 아이들 생각이라면서 이야기를 전달하는데, 아이들이 모두 창문에 매달려 바라본다. 결과가 궁금한 것이었다. 아이들이 그리도 원하니 정말 밖에서 하룻밤만 지내보겠다고 결심하고, 바깥 침대에 누웠다. 그런 나를 아이들이 여전히 내다 본다. 웃음을 지으며 아이들에게 "너희도…." 라고 말을 건넸다. 아직 말을 끝내기도 전에 아이들이 우르르 밖으로 쏟아져 나와서 돗자리를 펴는 것이었다. 다음에 무슨 일이 생겼는진 상상에 맡긴다. 아이들이 모두 돗자리 위에 자리를 잡고 눕는다. 이것이 아이들의 습관이요 문화였다. 그 후로는 자연스럽게 아이들이 방에 들어가 자지 않았다. 비가 오면 방이 있어 다행이라는 듯 들어갔지만, 어떤 아이들은 처마 밑에서 악착같이 버텼다. 비만 피하는 게 가능하다면, 어떻게 해서든지 밖에서 잠을 청했다. 그 일이 있은 후로는, 아이들이 제안하는 건 웬만하면 다 들어준다. 아니 따라할 수밖에 없었다. "밖에서 자든, 안에서 자든 건강하고 씩씩하게만 예수님 안에서 자라다오" 하는 것이 당시 내 기도였다.

8) 캉가얌 이야기

이로드에 어린이집을 시작했던 건, 사실 빼리야 지방에 선교할 때 생긴 마음 때문이었다. 빼리야 지방에 캉가얌이란 동네가 있는데, 그곳 선교가 이로드까지 연결된 것이었다.

캉가얌은 이로드보다 훨씬 더 시골이었다. 그쪽으로 가면서 보니, 안타까운 일이 훨씬 많았다. 내가 간 곳에는 호텔은 고사하고, 숙박 시설 같은 것이 아예 없었다. 동네에 그런 게 없는 정도였으니, 화장실 시설은 말할 것 조차 없었다. 듣자하니, 지금은 숙박할 수 있는 곳이 생겼단다. 하긴 30년도 넘는 세월 전이니, 말해서 무엇하랴. 정말 선교하기에

최악의 조건이었다.

그곳에 사는 이들의 계급은, 스스로 말하듯이 '발바닥'(수드라)에 속했다. 어떤 계급이 거기 살든지 나는 선교해야 했다. 그곳에서 며칠씩 묵으면서 지역을 돌아보아야 했고, 야간 학교를 세우는 일과 기도처를 만들기 위해서 애써야 했다. 선교 사역을 위해서 현지인 전도사들과 시간을 많이 보냈다. 그곳에서 잠을 자야 했으니, 숙소를 정하는 게 큰 문제였다. 대체 누구 집에서 자야 한다는 말인가? 숙소를 정한들 화장실은 있겠는가? 잘 곳이 마땅치 않아서 할 수 없이 전도사 집 마당에서 밤을 보냈다. 마당 한 구석에 밧줄 같은 것으로 엮은 침대를 놓고, 사리(인도 여인의 전통복장: 6미터 길이의 천)를 여기저기 묶어서 침대를 얼기설기 가리고 잠을 잤다. 화장실이 가고프면 정말 문제였다. 동네 여자 두 세 사람이 사리 치마를 붙들고 가려주면, 간신히 문제를 해결하곤 했다. 땅을 파서 웅덩이를 만들고 거기에 일을 봐야했고, 좀 씻고 싶어도 씻을 곳은 커녕 물도 없었다. 거기엔 기본적으로 사람이 살 수 있는 최소한의 여건이 마련되어있지 않았다.

생각 끝에 사람들과 의논했다. "선교는 해야하니, 이곳에 다시 올 수밖에 없다. 그렇다면 아주 기본적인 것이라 해도, 화장실과 샤워를 할 수 있는 임시 시설을 만들었으면 좋겠다"는 게 나의 의견이었다. 기왕 말이 나온 김에, 전도사 한 사람을 선택해서, 그의 집에 자그마한 화장실과 가끔 물이라도 덮어쓸 수 있는 샤워 시설을 만들고, 내가 기거할 방도 하나 만들자고 했다. 이 일로 해서 그들에게 싸움이 벌어질 줄은 생각도 못했다. 다툼의 이유는 단순했다. 서로 자기 집에다 시설을 만들 겠다고 생각한 나머지 싸움이 일어난 것이었다. 아주 쉽게 말하면, 제 딴에는 거창한(?) 시설을 자기 집에 유치하려는 그들의 욕심 때문에 싸움이 벌어진 거였다. 화장실을 하나 대충 세우고, 방은 벽돌로 쌓아 공간을 만드는 크지 않은 공사였다. 더구나 방과 화장실 지붕을 코코넛 잎으로 덮을 생각이었으니, 무슨 대단한 공사가 절대 아니었다. 아마 그들은 공사가 상당히 클 것으로 예상했던 모양이다. 아니 뭐 따지고 보면, 그 정도만 해도 그들에게는 큰 공사였다.

하여간 전도사들 가운데 대표쯤 되는 사람 집에 이것을 만들자 했다. 코코넛 나무 기둥을 두 곳에 박고, 천을 사서 가리개를 걸면, 방이며 화장실로 충분하다고 했다. 나중에 동네에 다시 돌아와 보니 전혀 엉뚱한 일이 벌어져 있었다. 대표인지 뭔지 하는 사람이 시멘트로 화장실과 목욕실을 만들고, 방도 자기 처마 밑에서부터 달아 내어서 새롭게 만들었다. 물론 매우 태연하게 나에게 계산서를 들이밀었다. 이왕 이렇게 된 것, 열은 나지만 그 집에서 기거하기로 하고 돈을 지불했다. 이게 무슨 해피 엔딩이었으면 얼마나 좋았을까? 후에 대표라는 전도사가 사람들과 싸우고 관계를 절단내면서, 마련한 시설을 그만 꿀꺽하셨다. 방이며 화장실을 자기 걸로 만들자, 그는 그때부터 전도사는 안한다고 그랬다. 사람들과 싸우기 싫단 게 이유였다. 그럼 나는 도대체 어쩌란 말인가? 인도 구석 깡촌에 선한 마음으로 선교하러 온 한국의 여선교사는 졸지에 인도인에게 속아서 마을의 거처를 잃었다.

상황이 이러니, 숙소 때문에 한 번 털리고, 우물 파면서 또 털리고, 심지어 세례식을 베풀면서 털리기도 했다. 세례식 이야기는 생각할수록 기가 찬다. 하루는 주일에 세례를 베풀겠다고 했더니, 그들이 오지 못한다고 했다. 이유를 묻자, 거기 사람들은 하루 벌어서 하루 먹고 사는데, 그날치 품삯을 주지 않으면, 세례 받으러 오지 못한단 거였다. 하루 일을 나가지 않으면 굶는다는데, 어떻게 돈을 안주고 버티겠는가? 하는 수 없이, 세례식을 베푸는 주일에는 하루치 품삯을 대신 지불해줬다. 세월이 조금 흐르고 보니 뭔가 좀 이상했다. 걸핏하면 세례 받을 사람이 있어서 세례식을 해야 된다고 한다. 아무리 생각해도, 그만큼 신자 숫자가 많을리가 없었다. 가만히 보니, 전에 세례 받은 사람들이 계속 또 받는 것이었다. 말하자면, 일하지 않고 돈 받는 재미가 쏠쏠하니, 세례를 여러 번 받은 것이다. 세례는 한 번 받으면 다시 받을 필요 없는 거 아닌가? 어이가 없어서 후로는 세례식을 그만 두고, 더이상 세례를 베풀지 않았다.

조의금 명목으로 털리는 일도 있었다. 하루는 어느 전도사 어머니가 세상을 떠났다고 해서 함께 울고, 조의금을 조금 줬다. 아무리 생각해도 준 액수가 많은 건 아니었다. 그저 넘치지 않게 적당히 주었다. 내가 워낙 돈에 대한 계산이 어두우니, 그런 걸 따지지 않고 준 기억이 난다. 아마 그들에게는 그게 좀 컸나 보다. 정작 희한한 건, 그 동네에 갈 때마다 초상이 났다는 사실이다. 갈 때마다 들으니 누가 아프다고 한다. 나는 그들을 불쌍히 여기는 마음이 컸다. 그들이 원하는 대로, 어려운 일이 있으면, 베풀 수 있는 건 다 했다. 그러던 어느 날 정신을 차려보니, 좀 이상하다. 분명히 죽었다는 어머니가 내 앞에 서 있는 게 아닌가? 이건 뭔가 싶었다. 전도사를 불러, 지난 번에 어머니가 돌아가셨다 했는데, 이게 무슨 일이냐고 물었다. 전도사의 대꾸는 이랬다. 지난 번에 세상 떠난 이는 그 어머니가 아니라 다른 어머니란다.

이런 일이 계속되자, 선한 뜻에서 비롯된 내 행동이 순진한 시골 사람들에게 오히려 욕심과 허영심을 불러 일으키는 것 같단 생각이 들었다. 다음부터는 내가 이들의 요구 앞에서 어떻게 행동해야 할지 한 번 더 생각했다. 물질을 나누는 것이나, 사랑을 표현하는 것도 다 새로운 방법으로 바꿔야만 했다. 내 감정으로 사람을 보면 실패할 확률이 높았다. 선교사로서 자비를 베푸는 일도 하나님께서 원하시는 건지, 정말 해야 하는 것인지, 기도로 하나님께 묻는 것이 필요했다.

내가 이런 부분에 정신을 차린 탓인지, 지금도 우리 선교지에는 일 안하고 밥을 먹는 사람이 없다. 오늘 날에는 거지도 물론 많이 줄었지만, 만일 밥을 얻기 위해서 우리 집에 온다고 하면, 그들은 마당을 쓰는 일이라도 해야 밥을 먹을 수 있었다. 어떤 경우에도 일을 해야만 조금 얻어갈 수 있었다. 이건 다 앞서 언급한 경험을 토대로 무엇이든 거저 주지 않겠다는 원칙을 세웠기 때문이었다. 나는 좀 엄격하다 싶을 정도로 우리 집 음식이 담을 넘지 못하게 했다. 가만히 보고 있노라면, 학교에서 일하는 사람들이 치마 속에 감춰가는 것이 너무 많았다. 이걸 허용하면, 그들에게 도둑질을 권장하는 것과 다름이 없었다.

하루는 이상한 걸 봤다. 일하는 여자가 아침에 올 때는 가슴이 크지 않았는데, 무슨 일이 있었는지, 저녁에 갈 때는 가슴이 커져 있는 것 아닌가. 그렇다고 그걸 따져 묻기도 그래서, 그냥 내버려 두었다. 그러던 어느 날 내 앞을 지나가던 그 여자 가슴에서 코코넛이 뚝 떨어졌다. 코코넛을 둘로 나누어 가슴에 얹으면 잘 맞기 때문에 이런 식으로 물건을 내가기도 했다. 이걸 확인하자, 나는 분명하게 이걸 하지 못하도록 통제했다. 내가 공인해서 주는 것과 몰래 가져가는 건 완전히 다르고, 후자는 도둑질하는 것이니 절대 하지 못하게 했다.

한편 생각하면 얼마나 없으면 그랬을까 싶을 때도 있었다. 하지만 달라면 거저 주니 그 또한 한도 끝도 없었다. 가난은 나랏님도 못 구한단 말이 있지 않은가? 내가 맞닥뜨린 상황이 그런 경우인 것 같았다. 이제는 우리 집에서 일하는 모든 사람이 그런 행동은 하지 않을 것이라고 믿어주고 싶다. 어찌되었던지 끊임없이 정직하게 살자고 권면한다.

사람들에게 이런 원칙을 세운 나를 돌아볼 때가 있다 나는 정말 정직했던가? 하나님 앞에서 부끄럽지 않은가? 절대적인 관점에서는 나 또한 그렇지 못한듯하다. 완벽하지는 못했지만 애쓰고 산 건 사실이다. 주님 앞에 갔을 때 이 말은 하고 싶다. "주님, 온전히 정직하진 못했던 것 같습니다. 다만 정직하게 살려고 노력했습니다" 학교 공동체에서 쌀 한 톨, 물 한 방울이라도 아끼고 살자고 말하며, 함께 노력한다. 솔직하게 말하면, 완벽하진 못하다. 그래도 그렇게 살려고 애쓴다. 그것만으로도 하나님께 점수를 좀 따면 좋겠다.

캉가얌 교회 개척멤버(위), 캉가얌 교회 아이들과 전도사들

이야기를 좀 돌려보자. 캉가얌 인근에 교회를 네 군데 세웠다. 약 100명정도 들어갈 수 있는 넓이의 홀을 만들어 교회와 기도처로 삼았다. 큰 규모는 아니어도 명색이 교회였다. 건물을 세우면서 지붕에 기와를 얹었다. 우리는 이 건물에 교회라는 이름을 붙일 수가 없다. 그냥 회당이라고 부르는 게 일반적이었다. 이전에 힌두교 군대가 들어와서 교회라고 이름 붙여진 건물에 불난리를 냈기 때문이었다. 캉가얌은 비교적 큰 도시라서, 교회를 제대로 지어볼까 했지만 여의치 않았다. 건축비도 문제였지만, 그보단 아예 건축허가가 나오질 않았다. 힌두교 사람들이 건물이 교회라는 것을 알고는 심통을 부리는 바람에, 거기 교회를 세우기가 힘들었다. 캉가얌에 언제나 교회를 세우기 시작해서 완공할 수 있을지 가늠하기가 힘들었다.

인도 사람의 기독교 핍박은 상상할 수 없을 정도로 심하다. 그래도 내가 있는 곳은 남쪽이라, 핍박이 덜한 편이다. 내가 사는 동네에서는 신앙생활하는 것이 가능하니 얼마나 다행인지 모른다. 이만큼만 해도 엄청나게 감사한 일이다. 신앙생활하는 것이 비교적 가능하기 때문에, 학교에서는 교사와 학생을 위한 신앙 프로그램을 진행한다. 교사들을 위해서는 매일 경건회를 가지며, 학생들에게는 매일 아침 조례 시간마다 하나님 말씀을 전한다.

III
연계 선교와
동역자들,
그리고
역선교

"그의 안에서 건물마다 서로 연결하여
주 안에서 성전이 되어 가고
너희도 성령 안에서 하나님이 거하실 처소가 되기 위하여
그리스도 예수 안에서 함께 지어져 가느니라"

에베소서 2장 21-22절

6. 연계된 선교

1) 스리랑카 선교에 관해

선교를 하려면, 대상지에 들어가는 것이 무조건 필수적이다. 바다를 건너든 뭘 지나든 그곳에 들어가지 않고는 선교를 하지 못한다. 특히 힌두교나 이슬람교 권역에서 사역하는 선교사들에게는 이런 문제가 절실하다. 정상적으로는 들어가지 못하니, 다른 방법을 생각해야 한다. 이게 항상 괴롭고 신경이 쓰인다.

나는 인도에서 사역하던 중, 1988년에 안식년을 허락받았다. 이전에는 인도에서 학교 학생으로 오랫동안 있었지만, 이젠 상황이 달라졌다. 안식년을 가진 후에 선교지로 다시 들어가는 일이 고민이었다. 여러 가지로 생각하고 기도하며 고민하다가 한 가지 방법을 생각했다. 인도 인근 국가에도 선교지를 마련해서 거기 머무르면서 선교를 하고, 6개월씩 허락해주는 여행비자로 인도로 다시 들어가면 되겠다 싶었다. 이렇게 일이 이뤄지도록 소원하면서 시작한 것이 스리랑카 선교였다.

혼자서 일을 만들기 어려워서, 인도의 교계 지도자들과 함께 상의하고 길을 여는 방법을 마련하려 애썼다. 그런 노력의 결과로 나타난 것이 스리랑카 선교였다. 여러 가지 생각 끝에 인도에서 6개월, 스리랑카에서 6개월씩 기거하면서 선교지 두 곳을 섬기는 것도 괜찮을 것 같았다.

스리랑카에서 시작한 일도 어린이집(Amazing Grace Home) 사역이었다. 하나님의 도우심으로 집을

어메이징 그레이스 홈 기증자와 어메이징 그레이스 홈 원생들

얻는 게 가능했다. 스리랑카에서 오랫동안 사역하다가 미국으로 돌아가는 선교사가 사역을 위해서 자기 땅을 기증했기 때문이다. 미국 선교사가 소유했던 집 이름이 '어메이징 그레이스'(Amazing Grace)였다. 그분이 이름을 계속 유지해 달라고 부탁했기에, 어린이집 명칭을 '어메이징 그레스이 홈'(AMAZING GRACE HOME)이라고 지었다. 스리랑카에서 어린이집 사역을 하면서, 그곳의 많은 교계 지도자들을 만났고, 함께 여러 가지 일들을 의논했다.

영국이 지배하던 시절에, 인도 타밀나두에 살던 타밀 사람들이 스리랑카 북쪽 꼭지점에 있던 쟈프나(JAFFNA)에 많이 들어가 살았다. 지

리적으로 볼 때 쟈프나는 타밀나두에서 헤엄쳐서 왕래할 수 있을 정도로 가깝다. 이곳의 거주하던 타밀사람은 영국 통치 아래 있을 때에 싱할리족(스리랑카 본토인)과 함께 영국에 대항하는 데 힘을 합치기도 했다. 그들의 노력에도 불구하고 스리랑카 정부가 타밀족을 소수 민족으로 분리하고 푸대접을 하는 바람에 사달이 났다. 차별정책이 도화선이 되어 1983년도에 타밀 타이거즈(LTTE), 즉 스리랑카에 대항하는 반란군이 생겨났고, 결국 내전이 시작되었다. 참으로 안타까운 것은, 그로 인한 피해와 내전의 잔재가 아직도 남아있다는 사실이다. 상황이 이렇다 보니, 기독교인들도 자프나에서 어떤 행사나 집회를 하지 못하는 형편이 오랫동안 지속되었다. 그런 상태로 계속 있을 수만은 없다보니, 스리랑카 기독교계 지도자들은 누군가 구심점이 되어 선교사역을 해주기를 원했다.

1989년에 쟈프나에 길이 열린 때가 있었다. 원래는 통행하는 길이 막혔고, 서로가 대치했지만, 길이 잠시 열린 것이다. 길이 열렸다고는 하지만, 통행이 위험한 건 마찬가지였다. 그때에 인도의 SISWA라는 선교단체가 자프나에 가서 청소년 수련회(Youth Camp)를 했다. 나는 특별 손님으로 초대받아 처음으로 스리랑카를 방문했다. 이것이 계기가 되어 스리랑카 교계지도자들을 만났다.

쟈프나(JAFFNA)에서 시작된 청소년 수련회(YOUTH CAMP)는, 후에 스리랑카 캔디(KANDY)에서 열린 전국 청년 수련회의 모체가 되었다. 1991년에 스리랑카 교계 지도자들과 함께 이런 의미있는 사역을 시작했다. 그들의 바람은 누군가 이런 사역의 구심점이 되어서 일을 시작하는 것이었다. 전혀 의도하지 않았는데, 어쩌다 보니 내가 그 일을 맡았다. 나는 사역의 중심인 재정을 맡아 일했다. 교계 지도자들 또한 솔선수범해서 일을 나누어 맡아 참여했다. 나는 재정적인 업무 외에, 강사 초청에 관한 일도 책임졌다. 한국에 선교사로 와서 예수전도단을 세운 미국 오대원(David E. Ross) 목사님을 강사로 섭외했다. 감사하게도 그때 열린 청소련 수련회(Youth Camp)는 스리랑카 기독교

스리랑카 캔디 유스캠프

역사상 가장 큰 집회였다는 평을 들었다. 집회를 통해서 많은 청년들이 예수님께 돌아오고 헌신하는 역사가 일어났다.

　스리랑카 선교에 관한 일을 하나 더 언급하자면, 장신대 서정운 교

인도에 방문한 서정운 장신대 명예총장

수님이 학생들과 함께 그곳을 방문한 일을 빼놓지 못한다. 서 교수님(현재 장신대 명예 총장)은 스리랑카 신학교들을 방문했다. 서 교수님은 그곳 지도자들과 함께 신학에 관한 이야기를 나누고, 학교 운영에 관해 조언하셨다. 함께 나눈 이야기의 주요 내용은, 스리랑카에 복음적인 신학교가 있어야 한다는 것이었다. 서 교수님과 함께 여러 신학교를 둘러보고 이야기를 나눠보니, 그곳 신학교가 가르치는 기독교 사상은 놀랍게도 종교다원주의(Religious Pluralism)였다. 신학교에서 예수님으로만 구원 받는다는 구원론을 확고하게 가르치지 않는다는 점을 서 교수님이 염려하시고, 거기에 관해 조언하셨다.

그때 만난 사람이 아지트 페레난도 박사다. 당시에 스리랑카에는 신학자들이 여럿 있었지만, 교파나 학문의 줄기가 다르단 이유로 하나가 되지 못했다. 아지트 박사는 신학자들이 같이 뭉쳐서 신학교를 만들면 얼마든지 복음적인 신학교를 만들 수 있다고 말했다. 그러니 그들이 하나 되도록 수고해 줄것을 내게 부탁해왔다. 힘을 보태지 않을 이유가 없었다. 당연히 함께 하자고 했다. 다만 내가 할 수 있는 일은 그들이 같은 뜻으로 함께 모여 이야기를 나누고 기도하여 복음적인 신학교를 만드는 계기를 조성하는 것 뿐이었다. 나는 신학자들을 찾아다니며 복음적인 신학교를 시작해야 하는 이유를 설명하고 동기를 유발했으며, 필요한 재정을 돕기로 했다.

그 결과 지금의 콜롬보 신학교(CTS / COLOMBO THEOLOGICAL SEMINARY)가 탄생했다. 이 학교는 현재에도 스리랑카에서 가장 복음적인 신학교로 우뚝 서있다. 나는 직접 신학교를 세운 것이 아닐뿐더러, 그저 학자들을 모아 동기를 불어넣은 것이 전부였다. 하지만 학교에서는 그걸 공로로 인정해서 나를 평생 이사로 만들어주었다. 좀 미안한 것은 이후로는 아무 도움도 주지 못했다는 점이다. 다만 학교의 신학자들이 덕망이 높은 탓에, 세계 여러 나라에서 그들을 돕는 것을 감사한다.

언급했듯이 선교를 하면서, 스리랑카에 '어메이징 그레이스 홈'(AMAZING GRACE HOME)을 세웠다. 이곳에 가난한 아이들이 와서 공부도 하고 말씀도 배우게 되었다. 우리 견습 선교사들이 아이들을 위해 애쓰고 수고한 것을 생각하면 참으로 감사하다. 하나님께서 그들에게 큰 상급을 허락하실 것이다. 특히, 윤재남 목사(현 인도네시아 선교사), 강보영 목사(영국에서 박사학위를 받았음), 이윤종 목사(현재 서천 신흥교회 담임) 그리고 김명서 목사(현재 인천 가좌 제일 교회 담임) 등 네 사람은 환경이 열악한 스리랑카 어린이집에서 큰 수고를 했다.

애써서 이런 사역을 했지만, 1998년에 스리랑카 선교를 접을 수밖에 없었다. 선교사가 6개월씩 외지에(사실은 주된 선교지인 인도) 있다가 스리랑카로 돌아오면, 그곳 어린이집이 엉망이 되어있곤 했다. 비자 문

스리랑카 홈 원생들과 장신대 견습선교사 윤재남, 강보영

제를 해결하기 위해서 함께 인도에서 건너온 견습 선교사들은 너무 화가 나서 어찌할 줄을 몰랐다. 선교사 부재시에 사역을 하도록 해놓은 현지인 협력 목사의 횡포가 너무 심했다. 외부 선교사들로서는 어떻게 할 수 없는 상황이었다. 견습 선교사들이 용단을 내릴 필요가 있다고 건의했다. 차라리 그곳을 접는 것이 아이들과 다른 선교 사역에 유익하겠다는 것이었다. 나 또한 한 곳에만 전념하는 것이 성격에도 맞고, 열매를 맺는 것도 가능할 듯 했다. 결국 스리랑카 선교를 접었다. 하고 싶은 일이긴 했으나, 두 곳을 섬긴다는 것이 용이하지 않았다. 함께 애쓴 동역자들에게는 지금도 감사한다. 어쩔 수 없이 미안한 마음이 가득하지만, 보상은 하나님이 하신다. 그분이 그들의 수고를 아신다.

2) 미주 원주민
북미 원주민 선교에 관한 소고

사람은 영적인 존재다. 정광일 목사가 말했듯이 땅에 발을 디디고 살지만, 눈은 하늘을 바라보는 것이 사람이다. 그 안에 하나님의 형상이 있기 때문이다. 창세기 1장을 보면, 하나님은 사람을 지으실 때에, 그분의 형상으로 만드셨다. 이렇듯 본질적으로 훌륭한 존재인 인간이, 권위를 잃어버리고, 억압과 괄시를 받으며, 편견 속에서 하나님 형상을 잃어간다. 하나님 형상을 상실한 사람의 모습을 복음이 전해지지 않은 땅의 원주민에게서 본다. 그들이 주님의 형상을 되찾도록 하려면 선교가 필수적이다. 이런 작업을 위해서, 아픔을 나누고 복수 아닌 화해를 하도록 하기 위해서 선교사들이 이들을 찾아가야 한다. 나 또한 그런 마음이었다.

선교사가 되고 나서도 2,000년이 되기까지 나는 원주민에 대해 잘 알지 못했다. 미국의 원주민에 관해서도 단편적으로만 알았다. 단순히 학교에서 배운 게 그저 그랬기 때문이다. 그 땅에 원래는 인디언(원주민)이 살았었는데, 영국을 포함해서 유럽에서 건너 온 사람들이 그들을 쫓아내고 자리를 잡은 곳이 미국이라는 이야기를 간략하게 들었을 뿐이다. 그 이상도 이하도 알지 못했다.

그 해 즉 2,000년은 안식년이었다. 시간을 헛되이 보내기는 싫었다. 그래서 영적 충전을 위해 하와이 코나에 있는 YWAM 훈련센터(Oasis)에서 훈련을 받았다. 그러다 보니 3월이 돌아오고, 삼일절을 맞으면서 아픔이 스멀스멀 안에서 올라왔다. 억압 속에서 사는 사람들을 위해 일하다 보니, 고통 가운데 있던 우리 민족의 아픔이 전혀 새로운 각도에서 다가왔다. 삼일절을 도저히 그냥 넘길 수 없었다. 민족의 아픔을 생각하면서, 일본 사람들이 하나님의 공의를 깨닫고 회개하도록 기도했다. 나 또한 진정으로 일본 사람을 용서하고, 이 일로 인해서 하나님이 우리에게 베푸신 공평함을 깨닫게 해달라고 간절히 부르짖었다.

내가 머물던 클래스에 미국 원주민 자매 한 사람이 있었다. 하루는 기도하고 있는데, 그녀가 다가와서 놀랍게도 자기 아픔을 함께 나눠 주었다. 그녀는 어릴 적에 기숙 시설이 있는 학교(boarding school)에 보내졌단다. 그곳은 천주교에서 운영하는 원주민을 위한 학교였다고 한다. 어릴 때 그곳에 들어가면, 무려 16살이 될 때까지 밖으로 나오지 못한단다. 그곳에 보내지면, 아이들은 부모의 사랑을 받지 못하고 성장할 수밖에 없다고 했다. 결국 부모의 얼굴을 잊어버리는 것이 흔하고, 그들의 고유한 언어까지 잃어버린다고 한다. 그녀 역시 그런 과정을 겪었다고 한다. 자기 언어인 원주민 언어를 썼다가 매맞은 이야기를 듣자, 내 가슴이 마치 베이는 것같이 아팠다.

이런 일 때문에, 원주민 아이나 부모가 술을 마시는 경우가 많단다. 술로 마음을 달래다가 마약에 손을 대고, 결국 마약과 알코올 중독이 되는 경우가 비일비재하다고 한다. 뿐만 아니라, 성적으로 문란해져서 에이즈에 걸린 원주민들이 많고, 이런 상황에서 태어나는 아이들은 출생할 때부터 뇌가 상한 상태가 된다고 한다. 이런 형편이 계속되면서,

원주민들은 자기 정체성을 잃어버렸고, 삶의 목적 또한 상실해서, 내일에 대한 기대나 소망없이 그저 하루하루를 살게 된다고 한다. 물론 모두가 그런 것은 아니지만, 놀랍게도 대략 전체 원주민의 95% 이상이 이런 상태에 놓였다는 것이다. 그 자매는 똑똑하고 용감했다. 이런 현실에 충격을 받고, 동족 원주민에게 복음을 전하기 위해서 전도 훈련을 받고 있는 중이란다. 그날 그녀와 함께 드린 기도는 가슴 아팠지만 뜨거웠다.

원주민에 관한 관심이 짙어지던 중, 한 가지 소식을 들었다. 캐나다 밴쿠버에 있는 지구촌 교회가 원주민 선교에 대해 열성적으로 일한 나머지, 성공적으로 선교한다는 이야기를 접한 것이다. 담임목사의 말을 듣자니, 교회가 8년 동안 캐나다 북부에 있는 번스 레이크(Burns Lake)라는 곳의 원주민에게 선교를 해왔다고 한다. 관심을 가지고 계속 지켜보는데, 마침내 기회가 왔다. 서로 이야기를 깊이 하다가, 함께 잠시라도 그곳에 다녀오자는 제의를 받은 것이다. 결국 기도 끝에 2005년에 지구촌 교회 사람들과 함께 번스 레이크(Burns Lake)를 다녀왔다. 단지 거기 헌신한 시간이 너무 짧아서 그게 조금 안타까웠다.

그곳에서 여름 성경학교를 했는데, 1년 중에 단 일주일간 번즈 레이크(Burns Lake)에서 지내고 돌아오면, 나머지 시간에는 그들을 돌아볼 수가 없었다. 사실 그곳에서 복음을 전하는 데는, 몇 가지 제약이 있었다. 우선은 밴쿠버에서 너무 멀었다. 또한 영어를 자유자재로 구사하는 북미 사람은 원주민 보호구역(Reservation)인 번스 레이크(Burns

Lake)에 들어가서 살지 못했다. 복음에 열정이 있어 그곳에 들어가고자 하는 사람은 있으나, 대부분 언어가 되질 않았고, 언어 소통이 되는 사람들은 그곳에 있으려고 하지 않았다. 따라서 원주민 가운데 누군가를 세워서, 지도자 내지는 주의 종으로 만드는 것이 최상이었다. 그런 길로 그들을 인도하고 싶었는데, 그 일을 하기 위해 들어갈 사람조차 쉽지 않다는 게 현실이었다. 지금 생각하면 정말로 아쉽다.

나는 오랜 선교사 생활 끝에 이제는 은퇴했다. 그런 생각을 한참 할 때가 63세였고, 행정적으로는 65세에 은퇴해야 하는 상황이었다. 그래서인지 그때는 북미 원주민들과 남은 생애를 함께 하고 싶단 생각을 무척 많이 했다. 정말로 그러기를 원했다. 하나님이 허락하시면, 미주 지역에 있는 한인교회들이 원주민 아이들을 입양하는 사역을 하고팠다. 인도에서 해왔던 선교 방법이 북미 원주민을 위해서도 효과적일 거란 판단 때문이었다.

3) 몇 가지 북미 원주민을 위해 하려던 일

어디든 원주민에게는 교육이 필요하다. 과거에도 그랬고, 현재에도 그러하며, 미래에도 그럴 것이다. 이 일을 하기 위해서는 학교를 제대로 세워야 한다. 북미 원주민 아이들은 학교에 가지 않는다. 간다 해도 공부를 제대로 하지 못하고, 할 수 있는 여건도 되질 않는다. 이 일을 놓고 많이 기도했다. 앞으로 언젠가 제대로 된 학교가 하나 세워지고, 아이들이 공부할 수 있도록 지금도 기도한다.

어린이집도 필요하다. 원주민 보호지역에는 버려진 아이들이 너무 많다. 아이들이 제대로 보호받지 못하고 있으니, 돌봄이 필요한 아이들은 아무런 기준없이 그냥 아무 원주민 가정으로나 보내진다. 문제는 입양 가정의 부모(Forster Mother)들 학대가 심하단 사실이다. 양부모들도 마약이나 알코올 중독인 경우가 많아서, 아이들이 제대로 양육받지 못하는 경우가 비일비재하단다. 심한 경우에는 의붓 아버지로부터 성추행을 당하는 경우도 있다고 한다. 견디다 못해, 창문을 열고 도망해도, 아이들에게는 미래가 없다. 갈 곳이 없어 거리를 헤매다가 술을 마시고 마약을 하게 된다고 한다. 죄를 지을 수밖에 없는 형편에 방치되는 아이들을 데려다가 예수 그리스도의 말씀 안에서 키운다면 얼마나 좋겠는가?

결국 방법은 하나, 이들을 복음화하는 수밖에는 없다. 따라서 궁극적으로 신학교까지 할 수 있다면 금상첨화라고 생각한다. 원주민들은 대부분 학력이 부족한 편이다. 그런 경우에는 아무리 복음을 받아들이고 열정이 있다해도, 정식 신학교를 가기 힘들다. 이런 상황에 놓인 원주민 전도자들을 모아 성경학교부터 시작한다면, 충분히 가능성이 있을듯하다. 지속적인 학업을 유지하는 것만 가능하다면, 이들이 주의 종이 되도록 얼마든지 도울 수 있을 것이다.

이것이 북미 원주민 선교를 위해 나름대로 세운 장기 계획이다. 어쩌면 나의 계획이라기 보다는 북미 지역 교회가(예컨대, 밴쿠버 지구촌 교회 등) 주축이 되어서 해야 할 일이라고 본다. 영어를 쏼라대는 북미

인이 아니라, 원주민과 같은 혈통을 타고 난 한국인인 우리가 해야 할 일이다. 우리가 그들의 아픔을 치유하는 일에 가장 적격인 민족이라고 나는 생각한다.

캐나다에서 내가 관여한 이들은, 니 타히 번(Nee Tahi Buhn), 체슬라타(Cheslatta), 타쳇트(Tachet), 스킨 티(Skin Tyee) 그리고 포트바빈(Fortbabine)에 사는 원주민들이다. 니 타히 번(Nee Tahi Buhn)의 추장인 레이 모리스(Ray Morris)가 내 계획을 크게 환영했던 기억이 난다. 그는 법적으로도 아무런 문제없이 이런 사역이 성사될 수 있도록 적극적으로 앞장 서겠다고 용기있게 말했었다.

북미 원주민들이 마약과 알코올중독에서 벗어나서, 생활의 질서를 찾고 자기 정체성을 찾으면, 그들은 우수한 민족으로서의 모습을 보여줄 것이다. 그들의 원래 모습이 그렇게 뛰어나기 때문이다. 타인에 의해 문화와 언어 그리고 삶을 말살당한 그들에게 하나님의 구원 역사를 전해야 한다. 하나님의 행동으로 말미암아 이들이 원래 하나님이 지으신 형상으로 회복된다면, 선교가 목적하는 바를 이루는 것이다. 당시에 인도 선교지에 후임이 없어서, 거길 떠나지 못했다. 결국 원주민 선교가 늦어지고, 생각한 것이 제대로 이뤄지지 못했다. 그게 늘 안타깝다. 하지만 시간이 허락하는대로 지금도 그런 선교를 하고싶다. 만일 내가 하지 못한다면, 할 수 있는 이들을 세워서라도 꼭 해야하는 일이 북미 원주민 선교이다.

7. 도와준 사람들

1) 견습 선교사의 커다란 사역

지금까지 해온 모든 선교사역이 가능했던 이유 중 하나는 견습 선교사들의 역할이 컸다. 달리 표현하자면, 내 선교에 있어서 커다란 한 개의 축이었다. 어떤 일을 할 때에, 흔히 사람들이 '윈 윈(win win)한다'는 말을 많이 쓴다. 선교사와 견습 선교사가 서로 조화를 이루어서 도움이 되면, 그것이 바로 '윈 윈'하는 것이다.

적어도 이곳 인도 크리시나기리 선교 현장에서는 선교사와 견습 선교사의 조화가 아주 좋아서, 하나님 나라 일을 함께 은혜롭게 이끌었다고 생각한다. 물론 견습 선교사를 받는 일도 처음부터 큰 계획을 세워서 시작하지는 않았다. 장신대 서정운 교수님이 선교에 관심있는 학생들을 이끌고 선교 현장을 다니시면서 현장에 실제적으로 필요한 일과 전략을 연구하신 적이 있다. 그런 일을 하다 보니, 신학생 중에 선교에 헌신하고자 하는 학생들을 선교 현장에 보내 체험하게 하고, 후에 선교사로 헌신할 것인지 여부를 타진하는 과정이 뒤따랐다. 학생 가운데 선교사로 사역할 사람이 있다면, 현장 실습을 하는 것이 미래 선교를 위해서 필수적이었다. 이런 과정을 통해서 개인에게 선교 목적이 형성되고, 이어서 견습 선교사 파송이 이뤄졌다. 파송지를 결정해야 하는데, 신학교에서 우리 선교지를 가장 먼저 견습 선교사 활동지로 선택했다.

1994년 박승현 전도사(현재 광주 비아교회 담임)가 결혼과 함께 새색시를 데리고 인도에 왔다. 선교지에서 일할 사람이 필요했다. 하지만 일꾼에게 숙식을 제공할 준비가 되어있지 않은 열악한 상황이었다. 이런 상황에 신혼부부인 박 전도사 부부가 도착하고 말았다. 달리 방법이 없어서, 그들 부부는 내가 사는 집 건너 방을 신혼부부 숙소로 삼아 살았다. 인도에 관해 배우고, 새벽 기도를 같이 드리며, 선교 현장인 고아원에서 아이들과 삶을 같이 하는 생활이 시작되었다. 그들은 영적인 일만 한 것이 아니었다. 학교 건축 현장에서 헌신적으로 공사를 돕는 일도 마다하지 않았다.

생각해보면, 견습 선교사와 관련한 프로그램을 제대로 마련하지 못한 채로 첫 번째 분들을 맞았다. 이런 상황에서도 그들이 언제나 잘 지내줘서 감사했고, 또 한편으로 미안하기도 했다. 물론 끝까지 아무런 계획이나 프로그램이 없었던 건 아니었다. 함께 사역하면서 견습 선교사 훈련에 필요한 일을 하나씩 준비하고 마련해 나갔다.

견습 선교사들은 우리 상황을 보고 필요한 의견을 제시했다. 의견이 올라오면, 함께 의논해서 그들이 건의한 일을 하나씩 실천했다. 첫째, 학생들 건강을 위해 아침 체조를 만들었다. 우리 나라 국민체조를 도입하고, 거기에 견습 선교사들이 창작한 동작을 더해 우리 학교 체조를 만들었다. 그렇게 만들어진 체조는 지금까지도 새벽마다 기숙사에 있는 학생들이 실천한다.

둘째, 견습 선교사가 아이들에게 노래를 가르치고, 함께 찬양하는 정기적인 시간을 마련했다. 전교생이 금요일 오후 3시에 강당에 모여 함께 찬양할 때는, 선교사도 아이들도 너무 기뻐했다. 기쁨이 가득 차서 춤추며 하나님께 경배를 드리곤 했다. 물론 찬양을 영어로 준비해야 했으니, 그들은 상당히 힘들었을지도 모른다. 무엇이 어떻든지 우리는 함께 배운다는 기쁨이 있었다. 더우기 찬양으로 인해 주어진 열매는 무엇과도 비할 수 없이 귀했다. 뿐만 아니라, 매일 아침 교사 경건회에서도 견습 선교사들이 찬송을 인도했다. 경건회 찬양인도를 마치면, 그들은 즉시로 저학년들 조례에서 찬양하고 율동했으며, 말씀으로 어린 심령들에게 예수님을 증거했다.

셋째, 누구든지 현지에 도착해서 실습을 시작한지 6개월이 지난 후부터는, 선임 견습 선교사가 되는 제도를 마련했다. 선임이 되면, 일주일에 한 번씩 영어로 설교해야 한다. 영어를 하고 못하고가 문제가 아니라, 하나님의 기름 부음이 있느냐 없느냐 하는 것이 제도의 핵심이었다. 말씀을 준비하기 위해 기도하며 내용을 영어로 채우는 일은, 힘들었겠지만 그들에게 큰 도움이 되었을 것으로 생각한다. 물론 언어가 부족한 사람도 있었다. 그런 이들은 몸 동작을 넣든지, 아니면 필요한 자료를 준비해서 복음을 전하는 뜨거운 모습을 보여주었다. 이렇게 그들이 예수님을 전하면, 말씀이 살아 아이들에게 전해지는 것이 눈에 보였다.

모든 일은 아이들과 함께하는 아름다운 교제로부터 이루어졌다. 우리는 물론이고, 이곳 아이들 또한 견습 선교사를 엉클(UNCLE)이라고 불렀다. 모든 '엉클'이 아이들과 뛰어 노는 모습을 보면, 너무 아름답고 행복하다. 아이들은 엉클의 손짓과 발짓만으로도, 그것이 무엇을 의미하는지 충분히 알아들었다. 이런 멋진 교제가 우리에게 있었다. 물론 항상 기쁜 일만 있은 것은 아니었다. 그렇긴 해도, 하나님은 우리와 그들의 모습이 어떠하든지, 결국에는 모두 기쁜 일로 만들어 주셨다. 모든 일을 기쁨으로 변하게 하시는 하나님의 은혜가 감사할 뿐이었다.

선교지 프로그램을 대략 설명해보자. 우리는 일반적으로 아침 5시 30분에 기상한다. 일어나면, 체조로 아침을 시작한다. 오전 6시에 경건회를 드리고, 이어서 중보 기도하는 시간을 8시까지 가진다. 아침 9시가 되면, 교사 경건회를 가진다. 견습 선교사는 모임에서 찬양을 인도한다. 9시 15분에 전교생 조례가 있는데, 그 시간에도 견습 선교사는 유치원 그리고 저학년 학생들과 찬양하며 예배를 드린다. 매일 아침 일상 업무가 끝나면, 견습 선교사들은 오전에 시내에 나가 필요하면 은행과 우체국 일을 하고, 장을 보기도 한다(인도에서는 시장에서 물건을 사는 것이 남자 일이다). 점심 후에 잠시 쉬고, 오후 프로그램을 준비한다. 오후 7시에 저녁 예배를 드리는데, 견습 선교사들이 이 시간에 찬양을 인도한다. 누군가 선임이 되면 한 주에 한 번씩 이 시간에 영어로 설교한다.

특별히 금요일 오후 3시 모임에는 견습 선교사들이 인도하는 경배와 찬양 시간이 있다. 우리는 이 시간을 학교 수업에 정식으로 집어넣었다. 따라서 사람들이 음악시간이라고 부르기도 한다. 경배와 찬양 시간은 견습 선교사들이 오랫동안 준비하여 함께 주님을 찬양하며 기도하는 시간이라고 생각하면 된다. 다만 주일은 조금 다르다. 오전 7시에 예배가 있고, 10시에 영어로 말씀을 읽는다. 점심 식사시간이 되면, 모두 함께 한국 음식을 만들어 먹고 한 주를 마무리 한다.

방학 동안에는 견습 선교사들이 인도 각 지역을 여행하도록 넉넉하게 시간을 준다. 이곳저곳을 다니면서 그들에게 인도를 경험하게 한다. 방학에 시간이 충분하면, 인근 나라든지, 히말라야에 가도록 한다. 특히 견습 선교사들에게는 이 프로그램을 추천한다. 목사로 부름받고, 목회 임지에 가서 일하게 되면, 언제 히말라야 산정에 오를 수 있는 시간이 있겠나 싶어서다. 그런 까닭으로 시간이 있을 때, 즐기고, 보며, 느끼라고 권한다.

지금까지 약 40여명의 견습선교사가 이곳 선교지를 거쳐갔다. 비록 다시 보지 못한다 해도, 우리는 지금도 그들을 위해 중보 기도한다. 현재 견습 선교사가 앞서 일한 선배들을 위해 기도하도록 하기 위함이다. 이렇게 하면, 앞으로 그들이 이곳에서 돌아간 후에도 우리가 본인들을 위해 계속 기도하리란 사실을 알게 된다. 함께 기도해서 용기를 내고, 위로 받을 것을 기대하는 마음으로 이를 진행한다. 나는 앞으로도 그들을 위해 계속 기도할 것이다. 그런 기도는 멈추지 않는다. 이곳에 견습 선교사로 다녀간 이들 또한 스쳐간 것으로 모든 것이 끝나지 않는다. 장철한 목사가 개설한 카페(cafe.daum.net/Love india)가 모든 견습 선교사들의 연락처가 되었다. 이곳에 접속하면, 서로 소식을 알게되는 것은 물론이고, 선교지 이야기를 나누면서 함께 교제할 수도 있다.

우리 견습 선교사 출신 중에 정식 선교사가 된 분이 다섯이고, 담임 목사가 되어 목회하는 분이 일곱이다. 그중에는 특수 목회를 하는 주의 종도 있다. 이윤종 목사는 충남 서천으로 내려가서 빈 동네에서 목회를 시작했다. 어르신들이 있는 곳이면 어디서나 말씀을 전했다. 지금은 교회 식구들이 흩어져 있다가, 금요일이 되면 함께 교회에 모여서 예배하는 특별한 목회를 한다. 그 외에도, 온전한 공동체를 이루겠다는 각오와 기도로 공동체 교회를 하는 박민수 목사, 귀농해서 새로운 목회의 삶을 열어보겠다는 윤정상 목사, 유학하고 박사 학위를 받은 강보영 박사, 유학 중인 전선희 목사, 해외 한인 목회지에서 사역하는 홍성훈 목사 등이 그들이다. 자기 자리에서 충성하는 왕년의 견습 선교사들이 너무 귀하고 감사하다. 이들을 진심으로 사랑한다.

모든 지나간 견습 선교사들이 이제는 견습이 아니라, 담임 목사로, 어느 교회 부목사 또는 전도사로 주님을 섬기면서 한 달에 만원으로 고정된 헌금을 이곳에 보낸다. 그들이 보낸 돈이 우리 학교 학생을 위한 장학금이 된다. 지금은 담임목사가 되어 목회하는 견습 선교사 출신 목사님들이 우리 선교를 위해 헌금하는 일은 참 감사하다. 첫 번째 견습 선교사였던 박승현 목사님으로부터 시작해서 여러분이 계속해서 헌금하며 기도해 주어서 감사할뿐이다. 우리는 지금도 그들을 위해 기도하며, 앞으로도 기도할 것이다.

2) 후원자들
만남의 인연을 사용하시는 하나님
1974년에 생긴 일이니, 이젠 아주 옛날 이야기다. 내 생일이 되었는데, 하용조 목사님이 어느 권사님께 부탁을 해서 생일상을 좀 차려 달라고 하신 모양이다. 그 분이 영락교회 조익정 권사님이다. 너무 감사해서, 그분 댁에서 인사드리고 저녁을 먹고 나왔다. 나중에 알았지만, 식사를 통해서 하나님이 하신 일이 있었다. 조익정 권사님의 남편이신 고상우 장로님이 그 후로부터 지금까지 지속적으로 약 40년간이나 후원하도록 역사하셨다. 너무 감사한 일이다.

당시에 장로회신학대학교 주선애 교수님이 영락교회 여전도회 모임에 참석해서 선교비 이야기를 하셨단다. 내가 선교사로 나가게 되었단 이야기를 꺼내시면서 예산 이야기를 하셨다는 거다. 그때까지만 해도 영락교회에 선교비 예산이 없으니, 누구든지 몇 달만 선교비를 대신 감당해주면 내년부터는 교회에서 맡겠다고 하셨단다. 모임에 앉아있던 조익정 권사님이 가만히 이야기를 들으니 자기가 생일상을 차려준 사람 이야기인 것 같더란다. 그래서 선교사로 나간다는 사람이 이러 이러한 사람이냐고 물었고, 주 교수님이 그 사람 맞다고 대답하셨다고 한다. 이야기를 들은 조 권사님이 남편 장로님과 상의해서 선교비를 감당하겠노라고 하셨다. 남편이신 고상우 장로님께서 그 이야기를 듣고, 자기 운전사 월급을 선교비로 내어 놓겠다고 하셨다는 것이 이야기의 결말이다. 이분들은 어찌보면 모두 지나가다 만난게 아닌가? 이런 귀한 만남을 통해서 하나님은 내가 선교할 수 있도록 기초를 하나씩 만들고 계셨다.

선교지에 들어가기 전에 영어를 공부하기 위해서 미국 미시간 대학에서 영어 공부를 하고 있을 때였다. 엔 아버(Ann Arbor/미시간에 있는 도시이며, 명문인 미시간 대학교가 1837년에 들어오면서 대학도시로 크게 발전)에 있던 한인교회가 둘로 갈라지면서, 어려움이 생겼던 이야기를 앞에서 했다. 그 교회에 출석하던 청년들과 시작한 성경공부는 열매가 컸다. 많은 학생들이 예수님을 영접했고, 성령 침(세)례를 받았으며, 함께 기쁜 시간을 보냈다. 당시에 치과대학에서 공부하던 김은숙씨가 거기서 예수님을 영접했다. 나는 앤 아버에서 영어 공부를 마쳤고, 사역을 정리한 후, 인도로 갔다. 그 후에 그들을 다시 만나는 건 인간적으로 볼 때, 불가능한 일이었다.

인도에 머물면서, 오래 선교를 했다. 물이 안좋은 곳에서 오래 선교하다 보니, 내 치아가 다 망가졌다. 할 수 없이, 1997년에 치료를 받기 위해서 한국에 잠시 들어갔다. 그 때, 거기서 놀랍게도 김은숙 박사를 다시 만나게 되었다. 김은숙 박사가 꼼꼼하게 치료를 해주더니, 주소를 달라고 한다. 17년 동안 내 선교를 위해서 무엇을 한적이 없으니, 이제부터 뭔가 하겠다는 이야기였다.

다시 인도로 돌아와서 사역하는데, 그 해에 IMF 사태가 터졌다. 총회 선교부에서 소식이 왔다. 달러 값이 두 배나 뛰어서 그때까지 보내던 선교비 천 불을 더 이상 보내지 못하겠단 것이었다. 당시에 영락 여자 신학원에서 다섯명이나 되는 전도사들이 와서 훈련 받는 상황에서 이런 일이 벌어진 것이다. 전도사님들이 뭐라 의논을 하더니, 선교지에서 자기들이 나가겠다고 한다. 수저 하나라도 줄여서 도움이 되겠다는 이야기였다. 나는 그들이 선교지에 온 것도 허투루 된 게 아니라고 믿었다. 하나님께서 전도사님들을 보내셨으니 그분이 해결하실 것이라고 말하고, 기도하기 시작했다. 그때 마침 김은숙 박사에게서 연락이 왔다. 주소만 달래놓고서 지금까지 아무것도 못했는데, 그 달부터 선교비로 천 불을 헌금하겠다는 것이었다. 정말 놀라지 않을 수 없었다. 하나님께서는 이렇게 사역을 위한 필요를 채워주셨다.

다음 해 9월에 총회 선교부에서 연락이 왔다. 이제 IMF가 좀 해결이 되어서 다시 선교비 천 불을 보내겠다고 한다. 희소식이었다. 그래서 내심 다음 달부터는 선교비 천 불이 더 생기겠구나 생각했다. 그랬더니, 김은숙 박사님이 소식을 전해왔다. 자기가 콜롬비아 대학으로 공부를 더 하러 가기 때문에 더이상 천 불을 헌금하기가 어렵단 이야기였다. 나중에 돌아오면 다시 생각하겠다고 했다. 이건 또 뭔가 싶었지만, 조금도 빈 틈이 없으신 하나님을 거기서 만났다. 생각하면 그동안 헌금을 보낸 것도 너무나 감사한 일이었다. 하나님께서 17년 전에 오늘 있을 일을 미리 아시고, 이분을 만나게 하셨단 생각이 들었다. 이분은 지금까지도 귀한 헌금을 보내오는 선교 동역자다. 하나님은 오묘하시다. 다시 한번 감탄하지 않을 수 없다.

김인철 목사님 이야기

토론토 염광교회 김인철 목사님께서 건축 헌금 해주신 이야기도 할 필요가 있다. 그분은 캐나다 달러로 무려 15,000불을 학교 건축을 위해 쾌척하셨다.

　1992년부터 학교 건물을 건축하기로 작정하고 기도했다. 사실 처음부터 학교를 운영하려는 꿈을 가지고, 청사진을 그려서 사역을 시작한 건 아니었다. 처음에는 아이들을 신앙으로 제대로 양육하려는 생각에서 작게 시작했다. 그런 까닭으로 4살 미만 아이들만 고아원에 받은 게 시작의 전부였다. 어린아이에게 눈을 돌린 이유는, 말했듯이 힌두교 사상이 핏속에 흐르기 전에 예수님의 문화로 아이들을 키우고 싶었기 때문이다.

　그런 이유로 고아원을 시작했지만, 일이 순조로운 건 아니었다. 일반 집을 빌려 시작했기 때문에, 40여명이나 되는 아이들과 함께 살기에는 좁고, 더워서 힘이 들었다. 계속 이 사역을 하려면 어떤 다른 조치가 필요했다. 그래서 학교 건물을 짓기로 결정했다. '크리시나기리'라는 아주 척박하고 외진 곳에 땅을 마련하고 건축을 시작했다. 이미 말했듯이 가드윈씨가 학교 건물 건축을 맡았다.

　그 때 내 수중에는 단지 1,600불이 있었다. 가드윈씨 말에 의하면, 일단 그걸로 시작은 할 수 있단다. 무조건 기초 쌓는 일을 시작했다. 후원하는 분들에게 선교편지를 보내면서, 이런 일도 거기 조금 담았다. 돈 이야기는 하기 힘들었고, 그저 학교 건축을 시작할 것이라고 선포(?)하고 기도를 부탁했다. 어느 날, 전혀 기대하지 않은 곳에서 연락이 왔다. 캐나다 토론토에 있는 염광교회 김인철 목사님과 여전도회에서 건축헌금을 보내온 것이다. 거기다 음악을 하는 사람들 몇이 연주회를 해서 모금을 하여 건축비를 보내주기도 했다. 얼마나 우리에게 큰 힘이 되었는지 모른다.

선교 편지에 건축을 시작한다는 이야기는 했지만, 하나님과 누구에게도 구체적으로 선교헌금 이야기는 하지 않기로 약속했기 때문에, 나는 자세한 형편을 거기 적지 못했다. 그러니 건축에 얼마가 든다, 또는 돈이 이만큼 부족하다는 식의 구체적인 이야기를 하는 건 첨부터 불가능했다. 그저 기본적으로 하나님의 손길을 기대했고, 그분이 우리의 필요를 아신다고 믿었기에 그냥 일을 밀고 나갔다.

일에는 예산이 필요하다. 하지만 당시에는 아직 건축을 위한 설계도도 나오지 않은 형편이었으니, 예산을 세우는 일 자체가 불가능했다. 누군가 헌금해주면 그것으로 있는 것만큼 건축자재를 사고, 가드윈씨가 와서 일하곤 했다. 하나님의 손길은 그래도 끊이지 않고 계속되었다. 건축도, 선교 사역에 필요한 물질도 예산을 세울 수는 없었다. 나 자신이 그런 일에 지식이 없고 해본 일도 없어서 그리하는 게 아예 불가능했다. 지금도 일을 하노라면, 혼자서 하는 것이 아니고 누군가에게 의지하여 하니, 아마 가끔 속기도 할 것이다. 어쩌겠는가. 그것 또한 하나님께 맡긴다. 선교는 본질적으로 나의 일이 아니고 하나님과 현지 사람들과의 관계라고 믿으니, 그런 연장선에서 그들을 믿는다. 아니 더 정확하게 말하면, 믿어주었더니 그들이 진실해졌다고 해야 한다. 이것을 경험한 후로 하나님의 손길이 나와 일하는 모든 사람을 다스리시기를 기대하고 기도한다. 한 마디로, 그냥 죄다 맡기는 것이다. 헌금을 해 주시는 분들에게도 나는 이야기 한다. "그냥 선교사를 믿어주세요 하나님께서 다 스리십니다." 내가 비판하고 내가 해결하려고 하면 얼마만큼이나 일할 수 있겠는가? 내가 뭔가 한다면, 원수를 만드는 일 밖에는 하지 못한다. 그런 까닭으로 그들을 믿어줬더니, 30년이 넘게 정말 열심히 하고 있다.

30년을 하루같이

30년이 넘도록 기도해 주시고 헌금해 주시는 분들을 생각한다. 선교헌금 역사에는 신기한 일들이 많았다. 넉넉한 가운데 헌금한 이들보다 힘든 가운데서도 도와주신 분들이 많았다. 특히 목사님 가운데는 개척교회를 하시면서도 선교를 돕겠다고 조금씩이라도 헌금하신 분들이 꽤 있었다. 일반적으로 말하자면, 부흥하기 전에 헌금을 하던 분들이 교회가 커지면 건물을 건축하는 바람에 오히려 헌금하기 힘들게 되는 경우가 많다. 그걸 완전히 거꾸로 하신 분이 있었다. 뉴욕에 있는 신광교회 한재홍 목사님은 한달에 50불씩 선교를 위해서 헌금해오셨다. 교회가 부흥해서 건축을 하게 되자, 너무 재정이 어려워졌다. 희한하게도 목사님이 재정이 힘들다며, 매월 100불로 선교헌금 액수를 올리겠다고 연락하셨다. 그분은 그 후로도 교회가 재정적으로 어려워질 때마다 50불씩 선교비를 더해서, 액수가 매월 200불까지 올라갔다. 한목사님은 지금 은퇴하셨지만, 교회가 뒤를 이어서 지속적으로 헌금한다. 너무나 감사한 일이다.

1984년 한국에 들어 왔다가, 미국에 잠시 들렀다. 잠시 머무는 거지만, 말씀사역을 하느라 바쁜데, 버지니아(Virginia)주에 있는 스프링필드(Springfield)에서 전화가 왔다. 어느 노 권사님이 만나자고 해서 나갔다. 권사님이 자기 며

왼쪽부터 나, 토리신부님 부부, 정혜자 권사, 최선희 권사

느리를 소개하면서, 이 사람이 이제부터 좀 도와줄 거라고 하셨다. 그 분이 바로 김희철 장로님의 아내인 정혜자 권사님이다. 그 때부터 이분들은 오늘까지 쭉 변함없이 우리 선교를 돕는다. 지금도 미국에 들리는 경우에, 아주 편안하게 그 집을 들락거리며 위로받는다.

조지아(Georgia)주 애틀란타(Atlanta)에 사는 경재호 장로님과 경재희 집사님 부부도 빼놓을 수가 없다. 이분들 역시 계속해서 기도해 주시고, 일년에 한 번씩 위로와 격려를 해주신다. 이것이 벌써 30년이 넘었다.

시카고(Chicago) 미드 웨스트 교회의 김성원 장로님과 배윤자 권사님 내외도 헌신하신 분들이다. 지금까지 한 번도 마다하지 않으시고 선교를 도우신다. 어쩌다 보니, 나에게도 이런 분들을 조금은 도울 수 있는 기회가 주어졌다. 스프링필드에 계시는 김희철 장로님 아들과 시카고에 사시는 김성원 장로님 딸을 중매해서 가정을 꾸미게 한 것이다. 두

집은 내가 중매를 서서 사돈 지간이 됐다. 지금도 생각하면 기분이 좋아지는 큰 일을 했다.

김희철 장로님 가정에서 아들 신부감을 구하는데, 성령이 충만한 사람이면 좋겠다고 하셨다. 내가 시카고 김성원 장로님 댁에 머물면서 성경공부를 하고 성령충만을 위해 함께 기도하는 시간을 가진 적이 있다. 그 집 둘째 딸이 성경 공부에 참석했었다. 이 딸이 한국말을 잘 알아듣지 못하는데도, 엄청 열심을 냈다. 나도 있는대로 영어 실력을 발휘해 말씀을 전했고, 함께 뜨겁게 기도했다. 기도하는 중에 딸(사라)이 갑자기 큰소리로 울면서 기도하더니 방언이 터지고, 그날 저녁에 난리가 났다. 시카고에서 경험한 일을 김희철 장로님에게 이야기 했더니, 그녀를 소개하라고 하시는 것 아닌가. 본의 아니게 중매쟁이가 됐다. 이것도 하나님 뜻이다 싶어서 둘을 소개 했더니, 결혼이 성사되었다. 물론 언어 때문이기도 했지만, 한 번도 성경공부에 오지 않던 사라가 그날 거기 왜 왔을까? 바로 이런 것이 하나님이 하시는 일이다.

일생 동안 이런 경험이 가득하다 보니, 하나님을 바라볼 때에 늘 두렵고 떨리는 마음이 가득하다. 그분은 어느 것 하나 버리지 않고 기억하셨다가, 적재적소에 사용하신다. 주님은 분명히 살아계신다. 내가 오늘 하는 행동을 지켜보시고, 말 한 마디도 다 듣고 계신 하나님, 그분이 무엇이던지 나에게 맞는 일을 계획하시고 이루신다.

8. 현지 동역자들

1) 가드윈, 올윈 형제
가드윈과 다니엘

나의 동역자인 가드윈(Godwyn)씨는 성령님이 사용하시는 사람이다. 앞서 조금씩 언급했지만, 워낙 사역 사방에 걸쳐있는 사람이라 그를 특별히 소개하지 않을 수 없다. 가드윈씨에 관해 이야기 하려면 학교를 먼저 언급해야 한다. 그만큼 그는 학교 설립, 건축, 행정과 관계가 깊다.

우선 좀 복잡할까 싶어 먼저 선교지에서 운영하는 학교를 정리해서 이야기 해보자. 현재 학교는 크게 두개다. 하나는 트리니티 매트리큘레이션 스쿨(Trinity Matriculation School)이고, 또 다른 하나는 트리니티 아카데미(Trinity Academy)이다. 둘 다 우리가 세운 학교지만 내용은 조금 다르다. 전자는 주정부 인가를 받은 학교다. 나는 크리시나기리의 가난한 아이들을

트리니티 아카데미(Trinity Academy)건물과 전경

위해 시작했다. 주정부에서 인가를 받아 학교를 하지 않으면, 이곳의 가난한 아이들에게 교육의 기회를 제공할 수 없었기 때문이다. 아카데미는 중앙 정부 인가가 있어야 하는 학교다. 일반적으로 정상적인 가정의 자녀를 위한 학교라고 할 수 있다.

두 학교 모두 공히 내부에 구별된 학제를 가지고 있다. 굳이 설명하면 이렇다.

1) 세컨더리 하이어 스쿨 (Secondary Higher School)
  - 프리스쿨(Pre School): 3-5살
  - 엘리멘터리(Elementary): 6살-5학년
2) 하이 스쿨(High School): 6학년-10학년
3) 하이어 스쿨(Higher School): 11-12 / 프리 칼리지(Pre College)

이전에는 고아원이 있었다. 고아원으로 학교를 시작했지만, 현재는 운영할 수가 없다. 나라에서 조건을 까다롭게 해서 기독교인이 고아원을 운영하기 힘들게 했기 때문이다. 학교 안에 또한 기숙사가 있다. 여기에는 기숙사가 필요한 아이들이 들어와 산다. 고아원 시절에 우리 집에 들어온 아이들이 있는가 하면, 또 부모가 있지만 이곳에서 살려고 들어온 학생들도 있다.

현재 모든 학교와 학제를 정상적으로 운영하고 있지만, 인가 문제는 아직 하나가 해결되지 않았다. 말했듯이 아카데미는 중앙정부 인가가

필요한데, 모든 서류와 필요한 시설이 준비되었어도 인가가 미뤄지고 있었다. 학교 인가에 관한 행정 업무를 맡은 학교 관계자들에게 준비해야 하는 서류를 좀 보여달라고 했다. 놀랍게도 서류는 몇 장 되지 않았다. 조금 속이 상해서 그들에게 다시 물었다. 준비한 서류는 완전한데, 왜 접수가 안되냐고 했더니, 그들이 말하기를, 서류를 산더미처럼 만들어서 가져가도 별 수가 없단다. 문제는 돈이었다. 돈을 들고 가야 해결된단 것이었다. 액수를 들어보니, 어마어마했다. 나는 절대로 관리들에게 뇌물을 건넬 수가 없다고 말했다. 이유는 내가 예수님을 믿으니 정직하고 깨끗하게 살라고 가르쳐 왔는데, 예수님 주시는 구원을 얻은 사람이 어찌 하나님이 원하시지 않는 일을 하겠느냐 했다. 나라가 부패의 바다에 빠져있는데, 나까지 근처에서 서성이는 사람들을 그리로 밀고 들어가지 못하겠노라고 했다. 말을 하고나자, 결심이 분명해졌다. 내가 인도에 있는 동안에 절대로 뇌물로 일하지 않겠다고 다짐했다.

그후로 지금까지 뇌물을 한푼도 지급하지 않았으며, 현재 아카데미 인가에 관해서도 뇌물을 쓰지 않았다. 사실 뇌물과 관련된 사안이 생기면, 나는 앉아서 "안돼 줄 수 없어" 라고 편히 말하지만, 가드윈씨는 직접 공무원들을 얼굴로 대하여 일들을 처리해야 했다. 그렇다고 그가 나 몰래 뇌물을 준 적은 아직 없다. 그는 하나님의 사람이고, 하나님을 두렵고 떨리는 마음으로 경배한다. 나도 지금까지도 그랬지만, 그 또한 앞으로 그럴 일은 없다고 확신한다.

분명한 것은 이런 일을 내가 한 것이 아니고 성령께서 하셨다는 사실이다. 가드윈씨 말에 의하면, 하나님이 이미 학교 인가에 관한 문을 여셨단다. 기도하며 기다려 볼 일이다. 기도하기는 하나님께서 우리 학교를 깨끗하게 사용해주시기를 소망한다. 예수 그리스도가 이 땅에 다시 오시는 날까지, 하나님께서 그리스도의 보혈로 우리 학교, 우리 선교지를 덮어주시고 예수님만 증거하는 도구로 사용하시기를 바란다. 다시 말하지만, 선교지는 김영자가 세웠다고 해도, 이 일을 이루어 나가는 데 있어서는, 하나님이 가드윈씨를 쓰셨다.

가드윈 집안은 신앙심이 깊다. 온 가족이 16대에 이르기까지 예수님을 믿어왔다. 이제 그의 이야기를 해보자. 4살 미만의 여자아이들과 시작한 어린이집 즉 고아원은 유치원을 시작하는 터전이 되었다. 셋집에서 시작한 유치원에서 몇 년을 보내고 나니, 아이들이 3학년에 올라가게 되었다. 거기다 우리 아이들뿐 아니라, 계속해서 동네에서 아이들을 받은 바람에 학생 수가 늘어났다. 상황이 이리되자, 셋집으로는 유치원도 못할 형편이 되었다. 당시 학생 수는 3학년까지 족히 150여명이나 되었다.

셋집 학교에 한 번씩 가면 교실 열기가 용광로 같았다. 하나님께 학교를 계속해야 하는지, 아이들 학년이 올라가면 학교는 그대로 두고, 다른 선교 사역을 해야 하는지 물으며 기도하기 시작했다. 캡틴 토마스와 상의했더니, 이 사역은 중요하니 계속 학교를 할 수 있기를 바란다며 우선 학교 부지부터 마련하라고 조언했다.

학교 사역을 계속하기로 결정하고, 동네 깊숙한 곳에 허허벌판을 구입했다. 땅만 있으면 아무 소용 없으니, 그곳에 코코넛 잎을 엮어 교실을 지으려고 생각했다. 그랬더니 캡틴 토마스가 이 정도는 아마 자기가 아는 가드윈씨가 할 수 있을 것이라면서 소개를 해주었다. 가드윈은 대학에서 막 건축과를 졸업했고, 남의 공사장에서 일하고 있었다. 캡틴 토마스가 권해서 그와 함께 학교 건축을 의논하게 되었다. 나, 가드윈, 셀버라지가 함께 앉아 학교 공사에 관해 의논했는데, 가드윈씨가 큰 그림을 그렸다. 코코넛 잎으로 교실 지을 돈으로 우선 학교다운 건물의 기초를 짓는 게 낫다고 했다. 그가 제시한 의견에 나도 캡틴 토마스도 수긍하며 기도하고 그렇게 따라 가기로 했다. 일이 진행되면서 셀버라지가 속임수를 써서 일을 엉망으로 만든 건 이미 말했다. 결국 많은 것을 잃게 되었지만 가드윈씨는 상황과 상관없이 묵묵히 건축을 계속했다.

많은 어려움을 함께 겪었지만, 하나님께서 놀라운 은혜를 베풀어 주시는 것을 경험했다. 이 일로 인해서 가드윈은 하나님을 더욱 경외하게 되었다. 학교 건물 공사를 하면서 가드윈은 '트리니티 어소시에이션'(Trinity Association)이라는 건축회사를 설립했고, 다른 공사도 하게 되었다. 그는 공사장의 십장으로 건축일을 시작했는데, 그때는 정말 가난했다고 한다. 후에 건축을 정식으로 공부하고 건축가가 되기까지 많은 어려움이 있었지만, 그는 결국 큰 건축회사 사장이 되었다.

가드윈씨가 어느 날 내게 한 가지 의논을 해왔다. '오엠 선교회'(Operation Mobilisation)가 '인도복음선교회'(IEM / Indian Evangelical Mission)와 함께 훈련에 필요한 강당과 기숙사를 겸한 수련장을 짓기로 했는데, 거기에 입찰을 넣겠다는 것이었다. 그에게 조언하기를 다른 건축회사보다 조금 낮게 적어 넣으라고 했다. 가드윈씨 말이, 그건 어렵지 않은데, 만일 그렇게 하면, 자기가 부실 공사를 할 거라고 건축주가 생각한 나머지, 일을 맡기지 않을 것이라고 했다. 그들이 만약 그렇게 생각하면, 오엠 선교회와 인도복음선교회 관계자들을 나에게 데려 오라고 했다. 내가 낮게 쓴 이유를 설명해 줄테니 걱정말라고 했다.

가드윈씨는 내 말대로, 조금 낮게 입찰가를 써 냈다. 그가 생각한대로 건축주가 가드윈을 불러 부실 공사하려 하느냐고 물었단다. 가드윈이 내 이야기를 전하면서, 선교사님 말을 듣고 그리했다고 했단다. 어느 날 보니, 가드윈이 정말 건축 담당자들을 데리고 나를 만나러 왔다. 나는 있는 그대로 그들에게 설명했다. 하나님의 일을 하나님의 사람이 하면서 적게 남기고 주의 일에 힘쓰기 위해서 공사 단가를 낮춘 것이라고 설명했다. 그리고 우리 학교 공사장을 그들에게 보여주었다. 건축 담당자들은 이걸 보고 너무 흡족해 하면서 가드윈에게 공사를 맡겼다. 이 일로 인해서 가드윈은 크리시나기리에서 좋은 건축업자로 이름이 났고, 돈을 벌수 있는 회사를 운영하게 됐다. 그 일을 경험한 가드윈은 학교를 위해서 선한 일을 했다. 우리학교 공사에 많은 건축비가 들어가고 있었지만 가드윈은 그걸 외상으로 해주었다. 물론 지금도 빚을 갚아 나가지만, 어느덧 많이 갚았다. 이런 와중에 가드윈씨는 이곳 선교에 대한 아름다운 꿈을 꾸게 되었다. 나는 좋은 동역자를 만났고, 지금은 완전히 하나의 팀을 이루었다.

학교 관련 이야기를 하자면, 또 한 사람을 언급해야 한다. 바로 마크 다니엘(Mark Daniel) 목사님이다. 내가 크리시나기리로 오던 해에 다니엘 목사님도 이곳에 와서 교회를 개척했다. 내가 크리시나기리로 오게 된 이유 중에 하나는 바로 이곳에 기독교인이 별로 없었기 때문이다. 평소에 선교하기 원하니, 기독교인이 없는 곳을 주십사 하나님께 기도한 터였다.

다니엘 목사님 역시 같은 기도를 한 끝에 이곳에 왔다. 캡틴 토마스가 떠나간 후 여러 가지로 어려웠다. 하지만 다니엘 목사님이 이곳에 개척하면서 새로운 영적 교제가 시작되었다. 그는 선교하는 내내, 나의 어려움을 해결하기 위해 함께 기도하는 사람이 되었다. 감사하게도 가드윈씨와 다니엘 목사님은 나와 한 마음이 되었다. 학교를 세우고 운영하는 지난 25년 동안, 가드윈씨는 행정을, 다니엘 목사님은 영적인 일을 맡는 교목으로 함께 사역했다. 엊그제도 내 생일이라며 카드를 손으로 써서 들고 두 아들과 함께 집에 왔다. 축복기도를 한다면서 삼십분이 넘게 기도하고, 노래도 두 개나 불렀다. 하여간 신심이 깊은 분이다. 지금까지 이들과 함께 하게 하신 주님께 감사를 드린다.

1999년 올윈(Alwin)의 헌금

올윈(Alwin)은 가드윈(Godwyn)씨의 동생이며, 사역지에서 말씀으로 낳은 아들이다. 올윈은 인도의 대학에서 컴퓨터학을 전공하고 학사학위를 받았다. 그게 1998년이었다. 대학을 나왔으니 직장을 가져야 할

텐데, 그게 여의치 않아서 나에게 기도를 부탁해왔다. 그와 대화를 나누다가, 정 직장을 구하기 어려우면 우리 학교에 컴퓨터 교사로 오라고 했다. 나는 나름 생각해서 제안했는데, 그는 싫다고 했다.

하긴 우리가 주는 월급이 좀 작긴 했다. 학교 교장 선생님의 월급이 5,000 루피인데, 교사라면 많이 준다 해도 3,000 루피 밖에 되지 않는 정도였다. 뭐가 정확힌 이유인지는 모르겠지만, 올윈은 오지 않겠다고 했다. 거절을 받고 좋아할 사람은 아무도 없다. 나도 좀 시큰둥하게 생각했다. 그래도 기도 부탁을 해왔으니, 그가 직장을 가지도록 하나님께 기도했다. 그러던 어느 날 연락이 왔는데, 올윈이 마드라스에서 직장을 구했다는 것이다.

올윈이 대학교를 졸업할 때쯤이었다. 당시 우리 학교에는 약 500 여 명의 학생이 재학중이었다. 우리에게는 누가 뭐라해도 크리스마스가 대단히 중요한 행사였다. 12월이 되어 크리스마스 행사를 하려고 했는데, 비가 내렸다. 생각해보니 그 해만 그런 게 아니었다. 3년째 계속해서 크리스마스 때만 되면 비가 왔다. 그때는 건물이 별반 없어서 야외행사를 할 수밖에 없었다. 그러니 비가 오면 아무 것도 하지 못하는 형편이었다. 상황이 그랬으니 강당이 필요하단 생각을 하는 게 당연했다. 학교 부지에는 강당을 건축할 만한 넉넉한 땅이 있었다. 만일 그걸 짓는다면 크리스마스 행사를 비롯해서 많은 일을 할 수 있겠다고 생각했다. 생각은 그랬지만 실천은 별개의 일이었다. 땅은 있었지만, 건축비가 한 푼도 없었다. 강당을 건축할 돈이 전혀 없었으니, 이걸 붙들고 기도하는 것 외에 다른 방법이 없었다.

　어느 날 올원이 우리를 찾아왔다. 멋적어 하면서 직장에서 첫 월급을 받았다고 말을 꺼낸다. 이야기를 들어보니, 첫 열매인 월급을 선교를 위해서 헌금한다는 것이었다. 그 돈이 무려 8,760 루피였다. 그때 비로소 나는 왜 올원이 학교에서 컴퓨터 교사를 못하겠다고 했는지 알게 되었다. 헌금을 받아든 나에게 어떤 생각이 섬광처럼 지나갔다. 나는 받은 돈을 형인 가드윈씨 손에 올려 놓고서 강당을 짓자고 제안했다. 올원의 첫 열매인 헌금이 강당을 건축하는 데 초석으로 드려지는 것이 정말로 의미있다고 생각했다. 다들 좋아하길래, 그 자리에서 강당 기공 예배를 아이들과 함께 드렸다. 특별한 형식이나 내용도 없었다. 돈을 받은 즉시 건축헌금으로 여기고 바로 기공예배를 시작했다. 예배를 마쳤는데, 아이들이 갑자기 "주님을 찬양하라"(Praise the Lord)라고 크게 소리를 지르는 것 아닌가? 몇 아이가 손가락으로 하늘을 가리켰다. 예배를 드린 후에 보니, 비가 그치고 하늘에 커다란 무지개가 걸렸다. 나는 문득 하나님이 노아에게 보여주신 무지개 생각이 났다. 이젠 비와 상관없이 어떤 일이든 할 수 있도록, 하나님이 역사하시는 것만 같았다. 다른 징조는 없었지만, 무지개가 뜬 것은 기분 좋은 일이었다. 다들 함께 기뻐하면서 강당을 세우는 일이 잘 될 것을 믿고 하나님께 감사했다.

　뜻밖의 일이 생겼다. 올원이 갑자기 마드라스의 직장을 그만 두고, 아랍에미레이트의 수도인 아부다비에 취직이 되어서 간다는 것이었다. 이게 무슨 일인가 싶었지만, 역시 하나님의 역사는 놀라웠다. 올원은 그냥 아부다비로 가지 않았다. 그는 매달 십일조를 꼭 보내겠다고 약속을 남기고 떠났다. 그가 보낸 십일조를 받아보니, 무려 5,000 루피나 되었다. 그럼 올윈은 자그마치 한 달에 50,000 루피에 해당하는 돈을 월급으로 받는 직장을 얻은 것이었다. 그는 인도에서는 죽었다 깨도 만지지 못하는 월급을 받고 해외로 갔다. 그게 끝이 아니었다. 1999년이 되자 소위 Y2K 문제가 세계를 휩쓸었다. 세계의 유명한 컴퓨터 회사들이 문제를 해결하기 위해서 기술자들을 급히 구했고, 올윈은 기회를 놓치지 않고 거기서 미국으로 날아갔다. 미국 회사가 인도의 컴퓨터 기술자들을 영입해서 Y2K를 해결하려 했는데, 그런 회사에 취직이 된 것이었다. 그는 미국에 가서도 계속해서 십일조를 보내왔고, 덕분에 강당은 순조롭게 건축되었다.

올윈은 미국으로 가면서 결혼도 했다. 전통적으로 인도 사람들은 중매로 결혼하며, 그것도 같은 계급 내에서 상대를 찾았다. 그도 그렇게 가정을 꾸리고 미국에 정착했다. Y2K가 어마어마하게 공포스러웠지만, 모두 헛것인지 아무 소리 없이 끝난 것으로 기억한다. 올윈은 그 회사에서 한 번 더 옮겨서 다른 미국 회사로 갔다. 모든 게 잘 되어 가는 것처럼 보였다. 그런데 들어보니, 올윈에게 남모르는 고민이 있었다. 중매로 결혼한 부인 샤멀리(Shermilee)가 예수님을 잘 모르고, 믿음이 없었던 것이다. 그런 고민을 내게 털어놓는 그가 어찌 귀하지 않겠는가? 시간이 흘러 2006년에 미국 리치몬드(Richmond)에 자리잡은 올윈의 집을 방문했다. 하나님이 주신 귀한 기회인지라, 나는 그곳에서 성경공부를 시작했다. 놀라운 일이 생겼다. 샤멀리가 예수님을 영접했을 뿐 아니라, 성령 침(세)례도 받은 것이다. 이후 내외는 지금까지 믿음 안에서 성장하고 있다. 미국을 방문할 때마다 거의 이들 내외를 만났다. 이들은 그곳의 인도 사람들에게 복음을 전하면서, 그들과 성경공부를 하고 격려하는 사역을 한다. 이제는 샤멀리가 성경공부를 인도할 정도로 기도와 말씀으로 성장했다.

가드원과 올윈 형제는 나의 사역을 통해서 가슴으로 낳은 아들들이다. 이들의 믿음은 내가 봐도 귀하니, 하나님이 보시면 정말로 기뻐하실 것이다. 이들은 진실로 하나님을 경외하며 말씀대로 살려고 애쓴다. 그러니 사랑한다고, 가슴으로 낳았다고 말하지 않을 수 없다. 흔히 인도 사람들이 거짓말도 잘하고 사람을 잘 속인다고 소문이 나 있는 것 같다. 하지만 따지고 보면 어느 나라나 그런 사람들이 있지 않은가? 그런 소문도 사실은 잘못 전해진 면이 많다고 생각한다. 선입견을 가지고 그들을 보기 때문에 그런 것 아닌가 싶다. 이들을 가만히 보고 있으면, 얼마나 하나님께 신실한지 오히려 내가 부끄러울 정도다. 그들 두 사람만 그런 게 아니다. 그들의 가족이 모두 그렇다. 가드원씨도, 그의 아버지 아론, 어머니 씬디를 포함해서 온 식구가 정말 하나님을 두렵고 떨리는 마음으로 섬긴다.

어떤 사람이 하나님을 섬기며 예수 그리스도께서 본을 보이신 삶을 사는지 보려면, 그 사람이 물질을 어떻게 사용하는지를 보라! 흔히 돈이 많으면 십일조 하기가 힘들다고 한다. 사실 그런 면이 있는 듯하다.

올원은 첫 월급을 아까워하지 않고 하나님께 서슴없이 바쳤다. 하나님이 그런 믿음을 보신 게 당연하다. 그가 바친 첫 월급은 그들에게는 정말 큰 돈이었다. 가난한 살림이었지만 그는 큰 돈을 서슴지 않고 선교를 위해서 드렸다. 올원은 미국에 살면서 십일조를 자신이 출석하는 교회와 인도의 모교회에 보낸다. 그렇지만 우리 선교지에 무슨 일만 있으면, 듬뿍듬뿍 아끼지 않고 역시 헌금한다. 올원이 한 번은 선교지를 방문했을때, 학교에 담장이 없어서 운동장으로 원숭이며, 개떼들, 염소와 소떼가 어슬렁거리며 들어와서 다니는 걸 본 적이 있다. 그걸 본 그가 날보고 그랬다. "엄마, 당장 학교에 담장을 쌓아야겠네. 돈이 생기면 그것부터 할거야." 그러더니 미국으로 돌아가자마자 2천 불을 보냈다. 담장부터 쌓으란 것이었다. 나는 기쁘게 그 돈으로 학교에 담장을 쌓았다. 학교에 와보면 그가 보낸 돈으로 쌓은 돌담장이 얼마나 우람한지 보게 될 것이다. 이런 일들이 쌓이니, 미국의 올원네 집에만 가면 마음이 편하고 좋다. 이들의 신앙을 점검하면서 내 신앙도 다시 점검한다. 어쩌지 못하는 고백을 하나 하자면, 내 아들 올원과 식구들을 진심으로 사랑한다.

2) 그외 인도 동역자들!

선교를 시작하고나서, 10년이 넘도록 온전한 현지인 동역자를 만나지 못했다. 선교 사역 초기부터 함께 일했던 현지 목사나 전도사들이 있긴 했다. 하지만 그들은 선교 자체보다 나에게서 어떤 이득을 얻을까 하는 일에 더 열심인 것 같았다. 그것도 이해가 되긴했다. 경제가 너무 어려웠기 때문이었다. 특히 전도자들의 생활이 이렇게 어려울 수 있을까 하는 생각이 들 정도였다.

그들은 너무 가난하다 보니 복음을 전하는 것에도 많은 제약이 있었다. 뼈에 가죽을 입힌듯한 전도사들을 데리고 전도를 다닐 때마다, 마음이 곤고했다. 그래서였는지, 기름지진 않아도 일단 전도사들을 삼시 세끼 밥이라도 먹게 하고 싶은 마음이 컸다. 그러다 보니 그들을 위해 월급도 좀 더 주게 되었다. 이렇게 되자 문제가 생겼다. 작은 것 하나에도 감사하던 그들이, 이제는 돈을 더 달라고 하는 마음을 가지게 된 것이다.

야간 학교의 재정을 전도사가 개인적으로 다 써 버리고, 학교를 위해서 아무 것도 하지 않고, 사람을 속이는 일이 있었다. 사실 그들이 속이는 액수라고 해야 얼마되지 않았다. 그 작은 것을 탐내면서 속이곤 했다. 문제는 액수가 아니었다. 속인 돈보다, 그들이 속이려고 한다는 자체가 문제였다. 고민 끝에 말씀 양육 밖에 없다고 생각하고, 말씀으로 그들을 세우려고 애썼다. 하지만, 그것도 해결책이 되지 못했다. 말씀을 따라 자신을 세우는 모습이 나타나지 않았다.

나에게도 문제는 있었다. 그건 언어였다. 그들의 말을 완전하게 알아듣지 못했으며, 지역 문화와 가난함을 깊이 이해하지 못했다. 나도 살면서 처절하리만큼 가난을 경험했다. 그런데도 내가 겪었던 가난과 그들의 것은 비교가 되질 않았다. 가난은 나랏님도 해결할 수 없다는 말이 정말로 실감났다.

이런 문제로 갈등하며 시골에서 선교를 시작한지도 7-8년이 지났다. 인도에는 독특한 정책과 슬로건이 있었다. 그들은 쇄국정책을 쓰면서, 외국의 투자도 받지 않고 인도 사람끼리 살자는 생각을 가지고 있었다. 여기저기 "Be Indian, Buy Indian"라 쓰인 슬로건들로 가득했다. 말하자면, 인도인으로 살고 인도 물건을 사서 쓰잔 것이다.

그뿐이 아니었다. 고대로부터 전해진 계급 제도는 너무나 굳건했다. 내가 선교하는 곳에 사는 사람들은 그들 말로 '발바닥 계급'에 속했다. 이를테면 불가촉 천민이다. 그들의 계급은 절대로 바뀌지 않는다. 내가 아무리 야간 학교를 열어 글을 가르친다 해도 별 소용이 없었다. 야간 학교에서 글을 배웠다고 신분이 상승되는 일은 결코 일어나지 않기 때문이었다. 이런 상태가 계속되면 가난을 벗어 날 수 있는 길은 절대로 없는 것처럼 보였다. 어느 누구 하나 이렇다 하게 살고 있는 사람이 없었다.

그런 이유로 시작한 것이 가난한 집 아이들과 함께 사는 일이었다. 아이들을 데리고 같이 살면서 공부를 좀 하도록 하면 어떨까 싶었다. 이것도 참 어려웠다. 이로드에서 무려 39명의 남자 아이들과 살면서 예수님을 전하고, 공부를 해야 미래가 있다는 이야기를 계속해서 귀에 못이 박히도록 했다. 아무리 그리 해도 아이들이나 부모가 이해를 못했다. 어쩌면 이건 내 차원에서 하는 불평일테고, 사실은 내가 그들 불가촉천민의 삶을 이해하지 못했단 것이 옳을지도 모른다.

아이들이 어린이집에 머물면, 먹을 수 있기 때문에 부모들은 자녀를 내게 보냈다. 문제는 그들이 거기서 멈추지 않았단 사실이다. 부모들은 아이를 데리고 갔으니, 자기들 먹을 것도 내놓으라고 요구했다. 처음에는 무슨 이런 몰상식한 요구가 있나 싶고, 이해하기 힘들었다. 시간이 흐르고 나서야, 이들이 왜 이런 요구를 했는지 이해했다. 가난 때문이었다. 정말 무슨 이런 가난이 다 있나 싶었다. 그들의 말은 이렇다. 아이들이 밖에 나가서 하루 종일 일하면, 식구들이 멀건 죽이라도 먹을 수 있는데 그걸 못하니 집안 경제에 문제가 생긴단 거다. 말하자면, 주요 수입원을 내가 데리고 있으니, 돈이 나올 곳이 없어졌단 것이다. 그런 까닭으로, 아이들 부모가 자녀들 일당을 챙겨 달란 것이었다.

우리 나라 상황이라면, 고아원에서 아이들을 키워주는 게 너무 고마워서, 부모가 고맙다고 하는 게 일반적이지 않은가. 심지어 능력이 없어 고아원에 아이를 떼어놓은 어떤 싱글맘은 아이를 맡긴 곳에 가서 돕기까지 한다는 이야기를 들었다. 이게 제대로 된 고맙단 표현 아니겠는가. 중요한 건, 그런 부모일지라도 아이에게 소망을 가지고 있다는 점이다. 이곳의 부모는 아이들에게 그런 희망조차 가지고 있지 않은 점이 달랐다.

참 희한한 일이 생겼다. 그동안 인도는 무조건 자기 나라 중심이었다. 앞서 조금 언급했지만, 이런 나라 정책이 1992년에 바뀌었다. 이미 말한 것처럼, 외국이 자본을 100%로 투자할 수 있게끔 하는 정책이 시행된 것이다. 전에는 외국인이 투자를 해도 인도 사람과 파트너가 되어야만, 투자를 허락했다. 당연히 많은 잡음이 있었고, 외국인은 투자를 꺼릴 수밖에 없었다. 이게 온전히 바뀌어서, 외국인이 혼자 100% 투자 할 수 있다는 정책이 나오자, 큰 변화의 바람이 불었다. 무엇보다 허물어질 것 같지 않던 인도의 계급제도에 큰 변화가 생겼다. 외국인이 인도사람을 고용할 때는 계급을 보지 않았다. 그러자 불가촉 천민에게도 일할 수 있는 기회가 찾아왔다. 누구든지 일할 수 있는 건강만 있으면 취직이 됐다. 다행히도 영어를 할 수 있는 사람은 더 좋은 자리에 취직하는 세상이 됐다. 이들은 취직을 했고, 월급을 받아서 선풍기를 사서 열기를 식히는 것은 물론이고, 옷도 새롭게 해입게 되었다. 많은 사람이 삼시 세끼 제대로 밥을 먹을 수 있는 기회가 열리자 모든 낮은 계급 사람이 서로 공장에 취직하려 들었다. 이렇게 되니, 비로소 그들에게 공부를 하려는 열심이 생겼다. 어떻든지 희망이 생긴 까닭이었다.

여기까진 이미 이야기했다. 이제부터 하려는 말이 더 중요하다. 정책이 이렇게 바뀐지 20여년이 지나 30년 정도 되었다. 변화된 정책 때문에 인도는 너무 많이 바뀌었다. 사람들이 점점 정말로 부하게 되었다. 웬만한 가정에 선풍기는 당연히 있고, 이제 에어컨까지 들여놓은 집이 많아졌다. 이런 일들이 일반적인 현상으로 자리잡게 되었단 사실이 그들의 과거를 아는 내겐 놀랍다. 우리 학교 버스 운전자들이 자기 가정에도 에어컨을 들여놨다고 하는 이야길 들었다. 나는 아직까지 에어컨이 없어서 더위와 씨름하며 사는데, 우리 직원들이 이것을 설치할 수 있다니 얼마나 달라졌는가! 이제 더이상 인도를 가난한 나라라고 말하진 못한다. 세계적으로도 그들의 위상이 높아지고 있다.

달라진 상황을 보면서, 이제 어떤 방법으로 선교를 해야 할지 깊이 숙고한다. 많은 사람이 가난을 극복하고 있다. 풍성하지는 않아도 배는 더이상 고프지 않다. 배가 부르기 시작한 사람들에게 어떤 방법으로 복음을 전해야 해야 하는 것일까?

아직까지는 학교라는 매체를 통하여 예수님을 전하는 게 의미가 있다. 그렇지만 이제 어린이집, 고아원은 아이들이 새롭게 들어오지 않는다. 나라가 부자가 되면서, 조건이 까다로워진 까닭이다. 이런 사역을 하려면 정부 정책을 따라 준비해야 한다. 문제는 규정을 지키려면, 아이 5명 당 사감 한 사람이 필요하다. 아이 20명을 감당하려면, 거주하는 의사 1명과 간호사 한 명이 함께 살아야 한다. 특히 기독교 단체에서 고아원이나 어린이집을 운영하는 것은 적극적으로 금지한다. 정부가 이런 것들로 조여오자, 어린이집이나 고아원이라고 말하지 않고, 기숙사라는 이름을 붙이고 사역을 시작했다. 인도에서 함께 살아야만, 아이들이 말씀 공부도 하고 기도도 하게 된다. 그냥 학교 조례 시간에 한 마디 말씀을 전하는 것만으로 아이들의 변화를 기대하기란 불가능에 가깝다.

이같은 이유로, 기숙사 사역에 전력을 다하면서 사경회를 일 년에 3번 한다. 내가 혼자서 다 감당할 수 있는 일이 아니므로, 성서 유니온 사역자들을 초청해서 사경회를 한다. 학생들이 모두 변화 받으면 좋겠지만, 몇 명이라도 예수님을 영접하는 일이 생기니, 그것도 참으로 고맙다. 결국 예수님에 대해 들을 수 있는 기회를 아이들에게 준다는 것이 중요하다. 당연히 여기서 사역이 정체되면 안 되니, 나는 만족하지 않는다. 기숙사를 더 넓혀 아이들을 모집한다. 이 사역에도 어려움은 있다. 보통 기숙사에는 집이 학교에서 먼 아이들이 들어온다. 기숙사에 머무는 아이들에게는 성경을 가르치고 아침 저녁 기도회를 하는 시간을 갖도록 하는데, 그것 때문에 기숙사를 나가는 아이들이 생긴다. 소문이란 게 금방 퍼지는 법이다. 기숙사에서 기도하고 예배 드리는데 시간을 너무 많이 빼앗겨 공부할 시간이 없다는 과장된 소문이 퍼지면서 기숙사가 비는 일이 한 번 있었다.

그래서 가난한 집의 학생을 불러모아 기숙사를 다시 시작했더니, 이제는 경제적인 상황이 문제가 되었다. 기실 경제적인 것은 큰 문제가 아닐 수도 있다. 지금까지 그래왔듯이 하나님께서 허락하시는 대로 운영은 이루어지는데, 가난한 학생들의 부모가 더 문제다. 아이들이 집에 있을 때는, 학교 수업을 마친 후에 공사장에서 돈을 벌어 가족을 부양한다. 이들이 기숙사에 오면서 돈을 벌지 못하게 되자, 부모들이 돈이 없어 밥을 먹을 수가 없다며 좀 도와 달라고 한다. 선교의 상황이란 게, 어디서 시작해서 어디서 끝이 나는 건가? 답이 없다. 지금 형편이 바로 그렇다. 하나님의 지혜를 구해서, 부모들도 살 길을 열어주고 싶지만, 지금은 어찌지 못한다. 아이들이 졸업할 때까지만 기다려 달라고 부모들을 설득하기도 한다. 하나님께서 그들의 마음을 위로하시길 기도한다. 또 거짓말을 하는 거라면, 정직한 말을 하게 해 달라고 기도한다.

9. 역선교

1) 게임에 빠진 아이들

 어느 날 인도에 단기 선교를 왔던 박상준 목사로부터 전화를 받았다. 자기 교회 성도 중에 참 어려운 일을 당한 사람이 있는데, 인도에서 좀 도와줄 수 있느냐는 것이었다. 이야기는 이렇다. 교회 성도 자녀가 여자 중학생인데, 잘못을 저질러 수배를 받고 있다는 것이다. 그 아이를 인도로 보내면, 그곳에서 그녀를 바로잡아줄 수 있냐는 이야기다. 일단 보내보라고 해서 여학생이 인도로 들어오는 날 공항에 마중을 나갔다. 놀랍게도 공항에 도착한 건 두 사람이었다. 여학생뿐 아니라 다른 남학생 즉 동생이 함께 온 것이었다.

 나는 하나만 책임지면 되는 줄 알았는데, 졸지에 둘을 떠맡았다. 그것도 남자 하나, 여자 하나이니, 방이 갑자기 두 개가 필요했다. 당시 어린이집에는 아이들이 40여명이나 되었기 때문에, 방이 부족한 형편이었다. 할 수 없이, 남자 아이는 견습 선교사와 방을 같이 쓰기로 했다. 아이들이 처한 상황은 상당히 복잡했다. 여자 아이는 학교 깡패였고, 동생도 또한 그러했다. 거기다 둘 다 게임에 중독된 상태였다. 어떤 일도 일어나기 힘들 거라고 생각했지만, 아이들에게 성경 말씀을 가르치고 함께 기도하는 생활을 해 나가자, 그들이 변화하는 모습을 보이기 시작했다. 그들이 3개월 인도에 있는 동안에 하나님께서 만져주셔서 변화된 것을 보면서, 여러 가지를 다시 생각하게 됐다.

이런 아이들이 인도에 온다면 무조건 받아서 하나님 손길에 부탁하기로 했다. 이것을 내 나름대로 '역선교'라고 생각했다. 역으로 한국 아이들에게 선교하는 일에도 열심을 내 보자고 작정하고 기도하기 시작했다. 그후에도 여러 아이들이 이곳에 다녀갔다. 아닌게 아니라 여러 아이들을 받아서 말씀과 찬양과 기도로 아이들을 돌보고 가르쳤더니, 변화가 일어났다. 또한 우리 어린이집의 아이들과 한국 아이들이 함께 사귀면서 영어도 저절로 입에서 흘러나오는 것을 보니 너무 좋았다. 이런 일도 선교다. 누구든지 그런 한국 아이들이 있으면 또 함께 하기를 바란다.

IV
에필로그

"내가 달려갈 길과 주 예수께 받은 사명
곧 하나님의 은혜의 복음을 증언하는 일을
마치려 함에는 나의 생명조차
조금도 귀한 것으로 여기지 아니하노라"

사도행전 20장 24절

10. 맺는 이야기

은퇴, 그리고 새로운 사역

나는 2009년 12월 28일에 대한예수교장로회 총회 소속 원로 선교사 1호로 은퇴했다. 또한 영락교회가 파송한 선교사로서도 은퇴했다. 모든 행정적인 것에서는 은퇴를 했으나, 아직 인도를 마음에서 놓지 못했다. 그런 까닭에 일년 가운데 인도에서 6개월을 보내고, 한국에서 나머지 6개월을 산다.

한국에 오면 전에는 쉴 곳이 없었는데, 지금은 주선애 교수님께서 용문에 있는 여교역자 안식관에 방을 하나 마련해 주셔서 거기 기거한다. 여교역자 안식관은 젊을 때 교회를 위해 헌신한 여자 교역자들이 은퇴한 후에 함께 모여 사는 곳이다. 여기 거처가 생긴 후로는, 한국에서 쉴 곳이 있다는 사실이 너무나 마음에 위로가 된다. 실제로 그곳에 갈 때마다 감사하고 또 평안하다. 물론 한국에서 쉬다보면, 인도 선교가 염려 되어서 마음이 편하지 못할 때가 있기도 하다. 어찌겠는가? 그것 역시 하나님께 맡긴다. 토리 신부님이 그리 불러주었듯이 내 이름이 데보라 아닌가! 나는 인도에서처럼, 한국에서도 은퇴하신 분들과 함께 있어 주고 싶다.

지금 꿈꾸는 게 하나 있다. 내 꿈은 독신 은퇴 여자 선교사 안식관을 마련하는 것이다. 만일 가능하다면, 거기서 독신 여자 선교사들과 함께 살면서 할 일이 있다. 선교사로 일생을 보낸 사람들은 헌신한 나라에 관해 살아있는 정보와 지식이 있다. 나이들어 은퇴했다 해서, 그런 것이 날아가버리진 않는다. 은퇴 선교사 안식관을 만든다면, 거기서 프로그램을 만들어, 각지로 선교하러 가려는 사람을 모아 교육할 수 있을 것이다. 선교사 후보생이 가고싶은 나라에서 이미 일하다 은퇴한 선교사로부터 해당국가의 언어, 문화, 행정을 배우면, 준비하는 시간을 엄청나게 줄이게 된다. 미리 공부하면, 당연히 처음 선교 사역에서 발생하는 실수를 최소화할 수 있다.

나는 이 일이 이루어지길 간절히 기도한다. 나같은 사람은 정말 인도에 대해 너무 모르고 선교사로 갔다. 여행 가이드를 보면, 여러 가지 정보가 있긴 하다. 하지만 선교사는 그런 정보로 일하는 사람이 아니다. 선교사가 익혀야하는 실질적인 문화는 따로 있다. 하다 못해 언어라도 미리 배워서, 현지에 들어갈 때 인사라도 제대로 한다면, 훨씬 쉽게 선교지에 적응할 수 있다.

인도에서 선교할 때, 초기에 많은 실수가 있었다. 내가 잘 알지 못한 탓에 스스로 상처받은 경우가 많았다. 그렇기에 이런 이야기를 남기는 것이다. 예를 들면, 인도에서는 왼손을 다른 이에게 불쑥 내밀지 못한다. 이건 엄청난 실례다. 실제로 인도에 있을 때였다. 어린 아이가 물 한 잔을 떠다 주는데 두 손이 아니라 오른손으로 불쑥 내미는 게 아닌가. 이런 경우는 처음이어서 적잖이 마음이 좋지 않았다. 나중에 알고보니, 인도에서는 왼손을 오른손과 함께 쓰는 게 불손한 거란다. 인도에서 타인에게 왼손으로 뭐든지 건네면, 그건 욕이다. 물건을 사고서 돈을 지불할 때, 왼손으로 지불하면 외국인이어서 그렇다고 이해는 해준다. 그렇지만 손을 좀 바꿔서 오른손으로 지불해달라는 부탁이 금방 들어온다. 만일 문화를 모르는 상태에서 이런 경우를 만나면, 기분이 좋을리 없다. 현지 문화에 무지하면, 조그마한 감정 때문에 일이 틀어지는 경우가 종종 생긴다. 공연히 아무 것도 아닌 일로 기분 상하고, 시간을 허비하는 일은 없는 게 훨씬 낫다. 선교사 후보생이 파송되기 전에 살아있는 생생한 정보를 미리 얻는다면, 얼마나 좋을까? 은퇴 여자 선교사 안식관을 세워서 이런 일을 하고 싶다.

  안식관을 세울 준비는 지금 진행중이다. 이런 일을 할 수 있도록 주선애 교수님이 큰 돈을 쾌척하셨다. 그분 연세가 지금 97세인데, 아직도 한국교회를 위한 일에는 앞장 서신다. 이분 덕택에 기본 건축비는 마련되었다. 그렇긴 해도 앞으로 할 일이 아직 많다. 이제는 여러분에게 안식관 사역을 위한 기도를 부탁드린다. 건물이 서면, 선교사 후보생이 거기서 선교를 배울 것이다. 그곳에서 앞으로 공부할 사람들을 위해서도 기도해주시면 감사하겠다. 이제는 한국이 선교사를 많이 보내는 나라에 속한다. 후배들이 세계를 누비고 다닌다. 후배들이 가슴에 있는 선교 열정을 꽃피울 수 있도록, 앞서 경험한 우리가 돕자는 것이다.

선교사의 복된 생각: 준비하기 바란다

선교사가 선교지에 가면 어떻게 살아야 할까? 이런 문제도 함께 깊이 생각해야 할 것 같다. 우리 선교사들은 선교지에서 복음에 합당한 삶을 살아야 한다. 비록 선교지의 문화와 사회적 상황이 우리 앞을 가로 막는다 할지라도, 하나님의 거룩하심에 참여하려고 애쓰고 수고하며 매 순간마다 자신을 돌아보아 성찰하는 삶을 살아야 한다. 조금 더 구체적으로 이 부분을 언급한다면 어떻게 말할 수 있을까?

첫째, 일의 선후가 바뀌면 안된다고 생각한다. 소위 '무엇이 중한지' 알아야 한다. 일하다 보면, 선교 보고에 급급해서 후원 교회에 보고하는 것이 하나님의 일을 생각하는 것보다 앞설 때가 있다. 생각해보면, 보고를 허술하지 않게 하려고 일을 할 때가 너무 많다. 나도 그 중의 한 사람이었을 것이다. 그 길은 결코 아름답지 않다. 너무 멀리 돌아서 길을 가는 결과를 낳는다. 그렇게 되면 아주 애를 쓰고서도, 많은 시간이나 물질을 잘못 사용하는 일이 생길 수 있다. 지금 당장 보고할 것이 없어도, 걱정하지 말고 당당하게 하나님의 음성을 먼저 듣고 순종하며 나아가야 한다.

나는 선교하면서 가장 중요한 것이 성령의 음성에 민감해지는 거라고 생각한다. 나 역시 선교사이니, 그런 사람이 되어야 하며, 또 그렇게 살려고 애쓴다. 내 생각을 하나님의 뜻인 양 오해하면, 원치 않게도 먼

길을 돌아가야만 한다. 후원 교회에 보고하는 일이라든지, 또는 다른 어떤 일을 한다고 해도, 결코 하나님께 영광돌리는 것보다 앞서는 부분이 거기 있어서는 안 된다. 이건 자칫하면 하나님께 가야 할 영광을 사람에게 돌리는 일이 될 수 있기 때문이다. 또한 선교 보고를 하는 경우에, 거기 조금이라도 과장이 있어서는 안된다. 이것도 결코 하나님께서 기뻐하시지 않는다. 사도바울은 이 문제에 있어서 입장을 명확하게 했다. "이제 내가 사람들에게 좋게 하랴 하나님께 좋게 하랴 사람들에게 기쁨을 구하랴 내가 지금까지 사람의 기쁨을 구하는 것이었더면 그리스도의 종이 아니니라"(갈 1:10). 일을 하면서, 내 잘못된 판단으로 인해 하나님이 얼굴을 감추시는 일은 없어야 한다.

둘째, 하나님이 문제 해결의 처음이요 나중이라고 생각한다. 어떤 여건 속에서도, 하나님의 뜻과 어긋날 때는 절대 세상적인 방법으로 문제를 해결해서는 안 된다. 즉 뇌물을 줘서 일을 해결한다든가, 거짓으로 일을 꾸민다든가 하는 일은 우리에게 없어야 할 것이다. 물론 나도 모르는 가운데 이런 일이 일어날 수도 있지만, 그렇게 되지 않기 위해서라도 계속 자신을 돌아보아야 한다. 일이 어렵다 해도, 너무 조급해하지 말자. 그저 기도하며 기다리자! 하나님께서 해결해 주실 때까지 기다리고, 모든 방법과 시간을 주님께 맡겨드려야 할 것이다. 인도에서 살아보니, 뇌물을 주지 않고 일을 이루어 나간다는 것이 거의 불가능해 보였다. 그러나 주께서 불가능한 일을 가능하게 하셨다. 책의 다른 부분에서 언급하는 몇 가지 간증이 이런 실례를 보여줄 것이다.

셋째, 현지 언어를 가능하다면 완전하게 배울 필요가 있다. 인도에서는 영어를 할 줄 알면, 현지 언어 사용을 게을리 할 수도 있다. 하지만 이렇게 해선 좋은 결과가 오질 않는다. 현지 언어 즉 그곳 원주민이 사용하는 말로 전도하는 것이 무척이나 중요하다. 특히 도시를 벗어나서 영어를 할 수 없는 곳에 가게되면, 현지 언어 구사 능력이 선교사에게 필수적이다.

넷째, 현지 동역자와 좋은 관계를 맺어야 한다. 그들을 존중하고, 높여주며, 믿어주는 습관을 가져야 한다. 그들이 설혹 거짓말을 한다 해도, 하나님과의 관계로 맺어졌다고 생각하고 신뢰하며 열린 마음으로 계속해서 일을 맡겨야 한다. 동역자들을 의심하기 시작하면, 그들이 견뎌 내지 못한다. 그리 되면, 우리는 계속해서 사람을 구하는 일에 신경을 쓰며 전전긍긍해야 한다. 동역자 뿐만 아니라, 주변의 이웃과도 좋은 관계를 맺을 수 있도록, 그들을 진실하게 대하여야 한다. 주변 사람을 외모로 취하지 않고 정말 하나님의 사람으로 대하는 겸손한 자세를 가질 필요가 있다. 당연히 그리 하는 건 결코 쉽지 않다. 많이 어렵고 힘들어도, 생각을 바꿔보자. 주님께서 지금 내려다 보고 계심을 인지하고, 또한 그분이 나 때문에 겪으신 고통을 묵상한다면, 과연 우리 생활 환경이 어렵다고 불평할 수 있을까? 이보다 더한 어려움이 온다 할지라도 주께서 받으신 고난을 생각하고, 감사로 제사를 드려야 할 것이다.

모든 선교 사역은 우리의 일이 아니요 하나님의 것이다. 따라서 우리는 주님께서 말씀하시는 대로 일하는 선교사로 우뚝 서야 한다. 자신의

의를 버리고 하나님의 것으로 바꾸기가 너무 어렵지만, 하나님이 살아 계신다는 것을 두렵게 생각할 필요가 있다. 만일 그럴 수 있다면, 오늘 좀 부족하고, 영광을 얻지 못하고, 미천한 것 같아도 문제가 없다. 항상 기도하며 하나님의 음성을 기다려서, 우리 선교사들이 구원의 역사를 온전하게 이루어 나가길 기도한다.

V
사역의 발자취

"나는 선한 싸움을 싸우고 나의 달려갈 길을 마치고
믿음을 지켰으니 이제 후로는 나를 위하여
의의 면류관이 예비되었으므로 주 곧 의로우신 재판장이
그 날에 내게 주실 것이며 내게만 아니라
주의 나타나심을 사모하는 모든 자에게도니라"

디모데후서 4장 7~8절

1973년 김장환 목사와 군부대 방문
1978년 민병운 권사 김희숙 전도사와 함께

1980년 김포공항에서 선교사로 출국
1984년 인도 안다만 섬 교회 방문 예배

책에는 실리지 않은 이로드 어린이집 사역 모습
1985년 이로드 어린이집과 동역 전도사들

1990 크리시나기리 어린이집 시작
1990년 인도 동역 전도사들

1995년 트리니티학교 여름성경학교

1995년 트리니티 홈 입주식
1996년 오대원 목사 학교 방문

트리니티 스쿨 도서관
트리니티스쿨 아카데미 건물

트리니티 스쿨 컴퓨터실
트리니티 스쿨 유치원 졸업식

트리니티스쿨 크리스마스 행사
트리니티스쿨 탁구실

트리니티스쿨 학생 전시회

스리랑카 어린이집 개원식
스리랑카 어린이집 개원식 2

스리랑카 어린이집 개원식 3
스리랑카 어린이집 개원식 4

스리랑카 어린이집 개원식 5
스리랑카 어린이집 아이들 공부모습

스리랑카 어메이징 그레이스 홈 어린이집 아이들
스리랑카 어린이집 운영자 제이콥 목사 부부

시골교회
시골교회 부흥회 후 공동식사

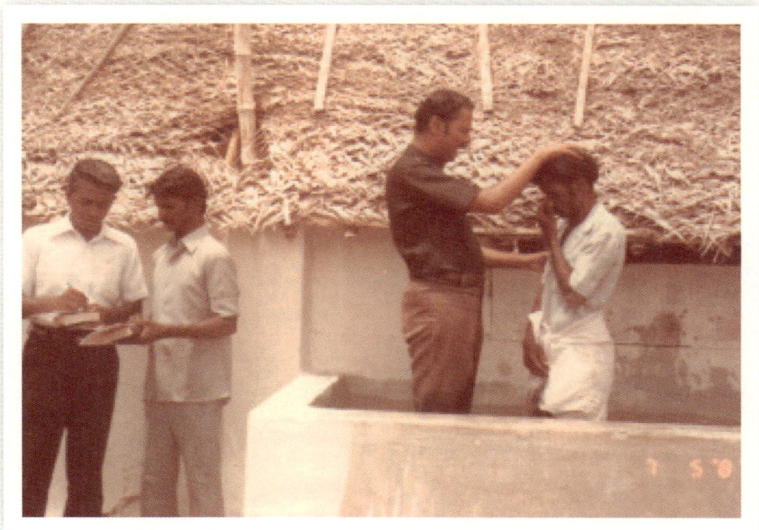

시골교회 부흥회 후 공동식사 2
시골교회 세례식

인도 시골교회 성탄절 행사
인도 시골교회 전도사들

인도에서 처음 시작한 제임스스쿨 여름성경학교
인도에서 처음 시작한 제임스스쿨 여름성경학교 2

인도에서 처음 시작한 제임스스쿨 여름성경학교 3
트리니티 학교 운동회 1

252 네, 갑니다. 가요!

트리니티 학교 운동회 2
트리니티 학교 임시 교회

트리니티 학교 전경
트리니티 학교 학생들

트리니티 홈 건축
트리니티 홈 건축 2

트리니티 홈 건축 3
트리니티 홈 건축현장에서

트리니티 홈 숙소 아이들 1
트리니티 홈 숙소 아이들 2

트리니티 홈 숙소 아이들 3
자립기술 습득을 위한 직조공장 방문

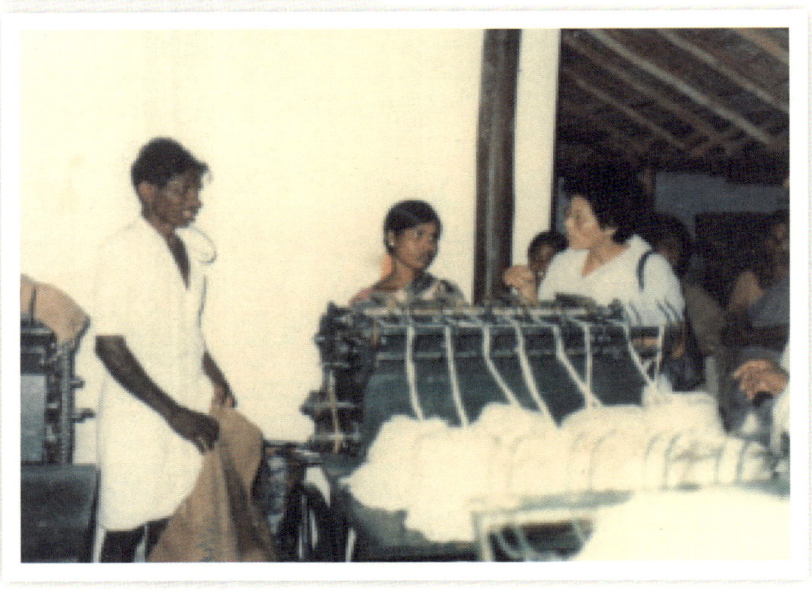

258 네, 갑니다. 가요!